AF501356

ERRATA.

Page 16, ligne 4, *au lieu de :* M. Schœlcher la porte en date au 4 octobre, *lisez :* M. Schœlcher en porte la date au 4 octobre.

— 55, — 10 et 11, *au lieu de :* Du jeune Fonfrède, de son beau-frère, du non moins intéressant Ducos, *lisez :* du jeune Fonfrède, de son beau-frère, non moins intéressant, Ducos, etc.

PARIS. — IMPRIMERIE DE BLONDEAU, RUE RAMEAU, 7 (PLACE RICHELIEU)

RÉFUTATION

DU LIVRE

DE M. V. SCHOELCHER

SUR HAÏTI,

PAR

C. A. BISSETTE.

PARIS.

ÉBRARD, LIBRAIRE, PASSAGE DES PANORAMAS, 61

1844

RÉFUTATION

DU LIVRE

DE M. V. SCHŒLCHER

SUR HAÏTI.

C'est sans doute une pensée généreuse que celle de vouloir travailler à l'abolition de l'esclavage ; c'est un beau dévouement, j'en conviens, que de traverser les mers pour la réalisation de cette pensée ; que d'aller au-delà du tropique, étudier la grande question de l'émancipation sur le terrain de l'esclavage, et sur le sol même où ce fléau pesa pendant des siècles. Cette pensée, M. Schœlcher l'a conçue ; ce dévouement, il l'a eu, en exécutant, sans le secours de personne, un voyage à travers l'Atlantique. Mais M. Schœlcher a-t-il répondu à l'attente et aux vœux des amis de la cause de l'abolition ? A-t-il exécuté cette noble mission sans reproches et de manière à mériter les sympathies et la reconnaissance des enfants de l'Afrique ? A-t-il rempli sans injustice envers ceux-ci le beau rôle qu'il s'était, en partant de Paris, imposé dans un but humanitaire ? Ces questions ont été résolues négativement dans la réfutation que j'ai faite de son premier volume intitulé : *Des Colonies françaises, Abolition de l'esclavage.* Elles vont recevoir ici une nouvelle solution négative par la réfutation du volume publié par cet *abolitioniste* sur Haïti.

Presque tous les journaux ont tour à tour prôné l'auteur outre mesure, ainsi que les livres écrits par lui sur les colonies et sur Haïti. Dans ce siècle de vives émotions, où chacun est avide de choses nouvelles, ils ont cru voir de la nouveauté dans l'œuvre d'un écrivain qui se dévoue, qui se passionne à Paris pour une cause, franchit l'Océan, et fait le sacrifice d'aller étudier la question sur les lieux mêmes. Ignorant les faits rapportés par le voyageur, et dont ils avaient à rendre compte, ils ont pris pour parole d'Évangile tout ce qu'a écrit celui qui était allé voir, et qui est censé avoir vu ce qu'il raconte ; ils ont accueilli avec d'autant plus de confiance les assertions de l'écrivain voyageur, que ses opinions le recommandaient aux amis des noirs. Eh bien, tous ces journaux sont tombés dans de graves erreurs en donnant pour vrai à leurs lecteurs ce qu'ils ont accepté sous la foi et la garantie du voyageur abolitioniste. Un examen sérieux n'a pas été fait de ces livres. La critique, dans cette occasion, n'a pas exercé sa mission ; elle a abdiqué son droit en présence d'un homme qui s'est présenté à elle paré du beau titre d'abolitioniste, et lui a dit : « J'ai été, j'ai vu et j'ai *écrit.* »

Cependant la *Revue critique*, dans un article de M. Ch. Romey, plein de bienveillance pour M. Schœlcher, s'est exprimée ainsi :

« Les deux derniers volumes de M. Schœlcher nous initient à « l'état présent des colonies anglaises émancipées, et particuliè« rement d'Haïti, et ont pour objet de prouver par les faits l'ap« titude de la race noire au travail libre et aux vertus sociales, « et l'urgence de son émancipation. Cette émancipation, toute« fois, M. Schœlcher la veut, dans les colonies françaises, avec « une indemnité préalable. Or, en ceci, il nous semble faire la « part trop belle « à ses hôtes des colonies », auxquels il a dédié « son premier ouvrage, et nous aurions voulu que la reconnais« sance ne l'amenât pas jusque là. C'est là trop de désintéresse« ment gratuit envers ces hommes « bons et généreux » sans « doute, mais à qui les sueurs et l'abrutissement moral des « hommes de la race noire ont fait ces loisirs dorés, et donné « les moyens d'acquérir ces mœurs élégantes contre la séduc« tion desquelles M. Schœlcher a vainement lutté, cela est évi« dent. »

La *Revue des Deux-Mondes* a exprimé, elle aussi, une ombre de critique ; mais cette critique ne s'applique qu'au mérite littéraire de l'ouvrage, et non aux faits inexacts et controuvés, non à la portée et à la politique de cet ouvrage, que nous n'hésitons pas à qualifier de *pamphlet.* « M. Schœlcher, dit cette *Revue*, « semble avoir fait abnégation de la vanité littéraire, son plan « est ordinairement indécis, son langage inculte et diffus. » Pour moi qui n'ai pas à examiner ce livre sous le point de vue littéraire, et qui ai ma manière de voir les choses, je dirai que M. Schœlcher semble avoir fait abnégation de la vérité historique; son livre est dangereux, son plan est généralement défectueux; son langage malveillant, injurieux envers ceux-là dont il croit défendre la cause, ne laisse que trop percer qu'il a été sous l'influence d'une fascination qui l'a suivi de la Martinique à la Guadeloupe, et de la Guadeloupe à Haïti.

En effet, que les hommes de couleur *de bonne foi* lisent attentivement le volume de M. Schœlcher sur Haïti, ils y trouveront, comme dans son livre sur les colonies françaises, les mêmes préjugés et les mêmes erreurs, les mêmes légèretés et les mêmes inconséquences, les mêmes substitutions de lieux et de temps, les mêmes suppositions et travestissements de personnes. Enfin, il sera impossible à tout esprit *de bonne foi* de ne pas voir dans ce livre un livre dangereux, politiquement parlant, une œuvre manquée, incomplète et insignifiante au point de vue que l'auteur s'était assigné à l'endroit de l'abolition de l'esclavage.

Dans ce volume, l'auteur débute par une introduction sur Haïti : c'est l'abrégé historique de la découverte d'Haïti en 1492, par Christophe Colomb. Après cette introduction qui précède un *aperçu* historique, vient un *précis* historique, qui n'est qu'un abrégé de l'histoire d'Haïti, dans lequel l'auteur n'a pas ménagé les inexactitudes, et où les suppositions sont mises à la place des faits, et la vérité méconnue sur les événements les plus importants de ce pays. On dirait que l'auteur a pris à tâche de dénaturer l'histoire et de transformer toutes les notions que jusqu'à ce jour on avait sur Haïti, comme pour vous embrouiller l'esprit et vous empêcher de vous reconnaître. L'auteur arrive enfin à Haïti actuel : c'est l'histoire recueillie dans son voyage en 1841, et Dieu sait quelle histoire!

En résumé, ce volume est un peu moins salmigondis que celui que l'auteur a publié sur les colonies françaises; mais on serait fort embarrassé de dire lequel des deux renferme plus de vérités et plus d'erreurs, plus de non-sens et plus d'inconséquences. En Haïti comme en France, pour les hommes qui connaissent, qui savent, il n'y a qu'une voix sur ces inexactitudes : elles frappent tous les regards ; l'opinion du parti vaincu, comme celle du parti vainqueur, juge ce livre comme nous ; il est mauvais, il n'intéresse pas, et il va contre le but que son auteur avait en vue. Cet ouvrage peut faire plus de mal que de bien, en divisant les Haïtiens, que l'auteur affecte de désigner par le *parti noir* et la *faction jaune*.

Cette séparation de *parti noir* et de *faction jaune* est une de ces erreurs contre lesquelles tous les Haïtiens doivent protester, car il n'y a plus de parti noir ni de parti mulâtre en Haïti, depuis que les Africains et leurs descendants se sont rendus maîtres de ce pays et en ont chassé les blancs ; depuis qu'ils ont écrit dans leur pacte fondamental : « Aucun blanc, quelle que soit sa nation, ne « pourra mettre les pieds sur ce territoire, à titre de maître ou « de propriétaire ». Et puis : « Les Africains et leurs descendants, « à quelque contrée qu'ils appartiennent, sont Haïtiens ». Il n'y a donc en Haïti qu'une nation : c'est la nation haïtienne. Les distinctions de couleur, enfantées par le préjugé des blancs pour maintenir leur domination aux colonies, n'ont aucun sens politique en Haïti, où l'on voit, (témoins les mouvements révolutionnaires et insurrectionnels qui ont eu lieu dans cette république), des noirs et des mulâtres d'un côté, contre des mulâtres et des noirs de l'autre côté.

M. Schœlcher, pour soutenir son erreur et cette vieille tactique de ses « hôtes » des colonies françaises, a eu besoin de créer sa faction jaune et son parti noir. C'est un pur jeu de son esprit impatient de voir réaliser le rêve de ses « hôtes », la *division*, pour régner sur les uns et les autres ; car ces partis distincts n'existent que dans son imagination, ainsi que je le démontrerai bientôt.

Au dire de l'auteur, il avait en vue de faire connaître la vérité, afin d'éclairer l'opinion en France sur la grande question de l'abolition de l'esclavage. Peut-être serait-il difficile de la découvrir dans les volumes qu'il a publiés jusqu'ici. Je ne sais pas ce que nous réserve M. Schœlcher, mais j'appréhende qu'il n'y ait toujours entre ses pensées et ce qu'il écrit, entre ses intentions et les conséquences de ses œuvres, un tel désaccord, un tel dissentiment, que ses amis, même les plus disposés en sa faveur, ne parviennent jamais à les mettre en harmonie. Je ne sais rien en vérité de plus embarrassant que de mettre d'accord un homme en contradiction avec lui-même.

Quelques amis de M. Schœlcher m'ont fait le reproche, tout en approuvant la réfutation que j'ai faite de son premier volume sur les colonies françaises, d'avoir relevé des faits, disent-ils, peu importants. Ils prétendent que j'ai diminué par là la force de mes arguments sur les questions principales. Je ne partage pas cette opinion; car, en réfutant le livre de M. Schœlcher, j'ai dû relever toutes ses erreurs, ne rien laisser passer, afin de démontrer que l'auteur qui se trompe sur les choses de France qu'il doit savoir, parceque tout le monde les sait, peut se tromper bien davantage sur ce qu'il ne sait pas, sur les choses des colonies et d'Haïti.

Cependant, quoique je n'aie rien négligé pour paralyser le mauvais effet du livre de M. Schœlcher, pour neutraliser le mal qu'il peut faire à la cause des noirs et des mulâtres, aux colonies à esclaves, et à la cause des Haïtiens, au profit des blancs, je ne suis pas allé dans ma réfutation des faux principes et des faits controuvés, jusqu'à chicaner sur les mots avec M. Schœlcher. Je n'ai pas, comme ses amis, dans une discussion de principes et de nationalité, disputé à M. de Genoude l'*e* muet final de son nom, prétendant que ce nom doit s'écrire *Genoud* et non pas *Genoude*; ni, comme d'autres amis, plus mal adroits, de M. Schœlcher, reproché, en d'assez mauvais termes, à M. Agénor de Gasparin, la particule *de* qui précède son nom, prétendant qu'il n'est pas d'origine noble, lorsqu'il s'agit de la critique d'un livre écrit par cet excellent et sincère ami des noirs.

On le voit, il n'y a rien de plus futile ni de plus personnel que la critique faite à M. de Genoude et à M. Agénor de Gasparin; et pourtant ces mêmes amis de M. Schœlcher ont trouvé futile et personnel que j'aie fait remarquer à M. Schœlcher que Bonaparte, premier consul en 1802, ne se qualifiait pas de S. M., et que sa majesté britannique n'était pas le premier consul de la république française; ces amis de M. Schœlcher ont trouvé futile et personnel que j'aie relevé cette calomnie et cette diffamation : que

TOUTES *les femmes de couleur aux colonies sont des prostituées*, calomnie et diffamation écrites en TOUTES *lettres* dans le livre de M. Schœlcher.

Malgré cette opinion des amis de M. Schœlcher, je ne laisserai pas de côté ce qu'ils appellent les *faits de détail*. Je prendrai encore la liberté grande de critiquer ces faits, de relever les points historiques sur lesquels M. Schœlcher s'est fourvoyé, et de lui dire qu'il est dans une grande erreur, lorsque, dans son précis historique sur Haïti, il attribue à Borel, colon, membre de l'assemblée du cap et chef de la milice, la déroute du malheureux Ogé et de ses compagnons. M. Schœlcher confond ici, comme partout, et les hommes, et les temps et les lieux : Borel n'a jamais pris part à cette action. L'histoire nous apprend que le commandant Vincent, ayant marché contre Ogé, à la tête de six à huit cents hommes, fut d'abord repoussé et battu, quoique les hommes de couleur ne fussent qu'au nombre de trois cents au plus ; qu'il fallut faire venir des forces du Cap avec de l'artillerie, et que le commandement retiré à M. Vincent fut confié à M. de Cambefort qui était à la tête de quinze cents hommes.

Voilà la vérité historique sur cette affaire. C'est ce que savent tous ceux qui connaissent l'histoire de Saint-Domingue. C'est ce que n'eût pas ignoré M. Schœlcher, si, dans la relation qu'il donne de la malheureuse affaire d'Ogé, il n'était pas poursuivi par cette fascination, par cette séduction créole dont nous avons parlé, qui troublèrent son esprit au tropique, et lui firent voir les faits à travers la loupe des colons ; c'est-à-dire avec leurs préjugés, qu'il porta à son insu jusqu'en Haïti même, après avoir échappé à l'influence médiate des lambris dorés et du confortable de ses hôtes de la Martinique et de la Guadeloupe. Ecoutons M. Schœlcher sur la catastrophe d'Ogé :

« Le 23 octobre, un jeune mulâtre, Vincent Ogé, aborda fur-
« tivement au Cap. Ayant appris en France que l'on avait refusé
« d'obéir au décret du 28 mars, il revenait dans son pays, dé-
« terminé à obtenir par la force l'exécution du décret. Il se mit
« à la tête de quatre-vingt ou quatre-vingt-dix hommes de sa
« caste, et signifia follement ses volontés. Borel, membre de l'as-
« semblée du Cap et chef de la garde nationale de cette ville,

« sortit contre lui, le mit en déroute, et ne lui laissa que le « temps de se réfugier dans l'Est chez les Espagnols. »

Dans cette narration, M. Schœlcher a probablement confondu deux choses et deux époques, deux hommes et deux faits. Dans les guerres de partis à Saint-Domingue, Borel marcha contre Hanus Jumécourt, colon comme lui, qui joua un si grand rôle dans la guerre civile de Saint-Domingue, et qui avait pris camp à la Croix-des-Bouquets. Borel mit en fuite son rival, son compétiteur, il opéra lui-même son arrestation; mais ce n'est pas Borel qui commandait l'expédition contre Ogé, ainsi que je l'ai dit. Je reviendrai sur cet infortuné Ogé, au chapitre où M. Schœlcher, de son point de vue, apprécie le mérite et la valeur de ce mulâtre, glorieux martyr de la liberté, quoi qu'en ait écrit M. Schœlcher.

Poursuivi par cette idée fixe que partout la *faction jaune* opprime les noirs, il arrive à M. Schœlcher de commettre des erreurs qu'on pourrait croire un calcul malveillant de sa part, tant ces erreurs servent son idée fixe et les préjugés des colons qui l'asservissent. Dans son précis historique, en parlant de la révolution qui renversa Dessalines, M. Schœlcher dit :

« On avait souffert patiemment le régime quelquefois arbitraire « de l'empereur (Dessalines), et son goût excessif pour la danse ; « mais quand il eut une volonté d'ordre, on compta ses fautes, « et les généraux mulâtres Gérin et Pétion tramèrent un com- « plot contre lui. Ils firent éclater la révolte dans le Sud, où « les gens de couleur, toujours ambitieux, avaient conservé leur « vieille prépondérance. C'était là aussi que l'empereur avait « dépossédé tant de propriétaires à la fumée. Dessalines, qui « était alors sur une de ses habitations, voulut venir au Port- « au-Prince pour se mettre à la tête des troupes, mais Pétion et « Gérin les avaient corrompues, et il fut assassiné à une demi- « lieue de la ville, le 17 octobre 1806, par un régiment qu'il crut « rangé en haie pour lui faire honneur. — On l'avait prévenu « que les assassins l'attendaient, mais il avait refusé d'y croire. « L'avis qu'il en reçut en route n'eut d'autre effet sur ce vaillant « barbare que de lui faire quitter sa voiture pour monter à che- « val. — Les mulâtres disent qu'en tuant Dessalines ils se sont

« défendus, parce qu'il voulait les décimer (1). Or, il avait confié « les six divisions de l'empire à Christophe, Clervaux, Vernet, « Gabard, Pétion et Geffrard. Le premier *seul* était nègre ! » M. Schœlcher aurait dû ajouter et le dernier aussi. — Mais plus loin, il n'eût pu continuer sur le même thême.

Comme je ne dois pas opposer mon opinion personnelle aux assertions avancées et aux opinions émises par M. Schœlcher, ce qui ne serait pas les discuter ni les combattre, *l'historien abolioniste* trouvera peut être convenable que j'oppose à ses opinions, sur Dessalines, l'autorité d'un honorable citoyen, recommandable sous tous les rapports et dont s'honore Haïti. J'ai cité M. Hippolyte Gélin, président actuel de la nouvelle constituante. M. Gélin est un noir, excellent patriote, attaché à son pays et voulant sa prospérité ; il sait, comme tous les Haïtiens, que Dessalines n'a pas été renversé du pouvoir par *les gens de couleur toujours ambitieux*. Écoutez ce que dit M. Gélin dans son discours d'installation à la présidence de la constituante :

« Lorsque, trompé par des conseils fallacieux, le chef du gouvernement français jeta en 1802 le carnage et la dévastation sur cette terre, nos pères, par une résistance valeureuse, surent, en repoussant les guerriers de la France, se créer une patrie : ils devaient triompher, car leur cause était juste, et ils furent soutenus par la main divine.

« Le succès obtenu, une résolution sublime porta le héros qui dirigeait les phalanges Haïtiennes à rompre les liens qui nous attachaient à la France, et, le 1er janvier 1804, le soleil d'Haïti éclaira la proclamation de notre immortelle indépendance. Cet acte fut suivi de notre première constitution, et *Dessalines, proclamé empereur, oublia bientôt qu'il gouvernait des frères*. Ses excès, ceux plus grands de ses flatteurs, portés à leur comble, imposèrent silence à la reconnaissance du peuple, et sa vengeance,

(1) Les *mulâtres* n'ont jamais dit qu'en tuant Dessalines ils se sont défendus, parce qu'il voulait les décimer ; mais les *Haïtiens*, noirs ou mulâtres, se sont débarrassés de Dessalines, que M. Schœlcher qualifie de *barbare*, parce qu'il était le tyran de sa patrie. Ce que les Haïtiens ont fait, c'est ce qu'ils feront toujours contre les despotes, de quelque couleur qu'ils soient.

(*Note communiquée par un Haïtien.*)

en éclatant, se noya daus le sang de Dessalines!.... Mais faisons grâce à sa mémoire. (1) »

« Après le meurtre de Dessalines, continue M. Schœlcher, « Henri Christophe, que ses grands services pendant la révolu- « tion mettaient, sans conteste, au premier rang, et que les « conspirateurs avaient déjà nommé général en chef de l'armée « d'Haïti, afin de l'associer à leur entreprise, fut élu par eux « chef suprême du gouvernement. Christophe accepta, et aussi- « tôt, usant de la puissance, il annonça qu'il désignerait l'époque « et le lieu où des députés des trois provinces se réuniraient « pour faire un nouveau pacte social. Les députés s'assemblèrent « au Port-au-Prince, et rédigèrent, sous l'influence de Geffrard, *gé-* « *néral mulâtre*, et surtout de Pétion, une constitution qui ten- « dait particulièrement à restreindre le pouvoir exécutif que « l'on était obligé de déférer à Christophe. »

Voilà déjà une grave erreur. Geffrard était un *général noir*. — « Qu'importe, vont dire les amis de M. Schœlcher avec lui : c'est un fait de détail, le fond est vrai. — Alors pourquoi distinguez-vous la couleur d'un homme, noir ou mulâtre, pour en tirer de fausses conséquences ? Pour induire que les mulâtres veulent dominer les noirs, lorsque ceux-ci ont la même part d'influence dans l'État ; qu'ils l'exercent en commun contre les mauvaises tendances du pouvoir, que ce pouvoir soit exercé par des hommes noirs ou jaunes. C'était dans l'intérêt de tous que le général *noir*, Geffrard, et le général *jaune*, Pétion, exerçaient en commun leur influence ; c'était pour obtenir plus de garanties du pouvoir exécutif, et non pour restreindre le pouvoir qu'ils déféraient au général noir, Christophe, au général *noir* Christophe, qui était, lui aussi, de la conspiration qui renversait du pouvoir l'empereur *noir* Dessalines. Il fallait, pour être digne du nom d'historien, savoir que Geffrard était noir. Et que dire de M. Schœlcher qui d'un fait qu'il ignore tire une conclusion contre toute une caste d'hommes ?

La fameuse entreprise de Christophe contre la république,

(1) Voyez le discours du citoyen J. Sylvain Hyppolite Gélin, *Journal le Manifeste* du 24 septembre 1843, et tous les journaux d'Haïti.

est ainsi racontée par M. Schœlcher, avec le même esprit de dénigrement envers les mulâtres :

« Christophe, qui rêvait toujours la conquête de l'île, entra dans « l'Ouest, en mars 1812, à la tête d'une armée bien disciplinée. « Tous les obstacles tombèrent devant lui, et les troupes de la « république qui lui présentèrent le combat à Santos, furent « ramenées en ville, la baïonnette aux flancs. Elles étaient, il est « vrai, sous le commandement du général Jean-Pierre Boyer. « Christophe bloqua Port-au-Prince ; mais, étant allé voir, pen- « dant les opérations du siége, la reine qui s'était rendue à « Saint-Marc avec la cour, deux de ses principaux officiers, le « colonel Servant et le général Magny, profitèrent de son absence « pour passer avec leurs soldats à Pétion. Christophe revint en « toute hâte à son armée ; mais jugeant que le régime d'entière « tolérance adopté par son ennemi, mis en comparaison avec ses « royales rigueurs, pouvait provoquer de nouvelles défec- « tions, il leva le siége et se retira. Dans un homme de ce ca- « ractère, on peut imaginer la rage que dut exciter une trahison « qui lui faisait perdre une conquête presque certaine ! *Les « traîtres étaient deux hommes de couleur*.... Le Caligula noir, « pour se venger, ordonna une horrible boucherie de tous les « mulâtres, hommes, femmes et enfants qui se trouvaient dans la « ville de Saint-Marc, où il s'arrêta avant de rentrer au Cap.....»

M. Schœlcher semble avoir pris à tache d'expliquer ce qui n'est pas par ce qui n'est pas. Le brave et vaillant général de division Magny n'était pas un *mulâtre*, il était *noir ;* et il n'a jamais été un traître, car il sauva sa patrie des fureurs de Christophe, du *Caligula noir*, comme l'appelle M. Schœlcher. A Dieu ne plaise que jamais je justifie des actes qui ressortent de la trahison ; mais le fait le plus honorable de la vie du général Magny, qu'il fût noir ou mulâtre, ne doit pas être signalé comme un acte infâme ; sa mémoire ne doit pas être entachée du crime de trahison, lorsqu'il n'a fait que suivre l'entraînement général de son armée, composée entièrement de noirs, pour sauver son pays des horreurs de la guerre civile et de l'extermination d'une race d'hommes, ses frères. On sait que e roi Christophe devait faire une horrible boucherie de tous les mulâtres du Port-au-Prince : c'est ce qu'il exécuta à Saint-Marc, ainsi que le dit fort bien M. Schœlcher. Magny et son armée connaissaient les intentions de leur chef : ils déjouèrent cet affreux projet, en fraternisant avec les troupes de la république. Lorsque le président Pétion, de regrettable mémoire, reçut le général Magny au Palais-National, Magny s'empressa de déclarer au chef de la république, qui le félicitait, « qu'il n'y avait aucun mérite à lui d'avoir suivi le mouvement entraînant de son armée. » Le général Magny a laissé un souvenir honorable et qui ne s'effacera jamais dans le cœur de tous les Haïtiens. Il est vraiment affligeant que ce soit la plume d'un prétendu abolitioniste, ami des noirs, qui veuille imprimer une tache à la mémoire de cet homme de bien. Avec un peu de bonne volonté comme historien, et plus de scrupule pour la vérité, M. Schœlcher, qui a été en Haïti, aurait pu se renseigner sur tous les faits qu'il narre et dont il n'a pas la plus légère connaissance. Qu'il interroge les Haïtiens qui sont à Paris ; ils lui diront tous que le général Magny n'était pas un mulâtre ; que ce général noir vécut et mourut en bon citoyen ; que sa mémoire est chère à tous les Haïtiens ; que la tyrannie du roi Christophe respecta la belle conduite du général Magny. En effet, Christophe le conserva toujours dans le cadre de son armée ; et, bien qu'il habitât la *république*, son nom figura sur *l'Almanach royal* de Christophe, et sa famille fut l'objet des attentions de ce roi noir. C'est donc mal à propos et sans raison que M. Schœlcher charge la mémoire de Magny et de Servant du massacre des mulâtres de Saint-Marc : la prétendue trahison de Magny, comme mulâtre qu'il le fait, ne pouvait exciter la rage du roi noir contre les autres mulâtres de Saint-Marc, puisque le général Magny, encore une fois, était un noir. Donc la majeure du raisonnement de M. Schœlcher étant fausse, la mineure n'est pas plus juste. Dans cette boucherie de mulâtres, Christophe a cédé à son *caractère*, à ces « *maladives fureurs de sang, comme on en voit chez beaucoup d'hommes de la race blanche.* »

Fidèle à son même système, M. Schœlcher poursuit ainsi sa narration sur le crime épouvantable commis à Saint-Marc :

« Quand on peut soutenir la lecture de l'histoire des tyrans

« blancs ou nègres, une chose épouvante bien plus que de leur voir « donner ces ordres exécrables : c'est qu'ils trouvent des hommes « pour les exécuter. Un *général mulâtre* s'empressa, pour obéir « à Christophe, de tuer de sa propre main sa femme et ses en- « fants..... Christophe lui-même eut si grande horreur de cette « férocité, qu'il creva un œil à son général en lui donnant un « coup de canne. — Cet infâme, appelé *Riché*, est aujourd'hui « un des principaux amis du général Boyer, et les honnêtes gens « qui vont au palais présidentiel l'y coudoient en frémissant. »

Comme, en toute chose, l'antidote est près du poison, je n'hésite pas seulement à compléter, mais à redresser la narration de M. Schœlcher sur le prétendu crime de cet infâme *mulâtre* appelé Riché. Les amis de M. Schœlcher, qui me disent de ne pas attacher plus d'importance à ces faits qu'ils ne valent, vont être, je pense, très surpris eux-mêmes de voir reproduire de tels faits aussi souvent sous la plume de leur ami, et avec des détails dont le seul tort n'est pas leur complète inexactitude. Voici donc la vérité : Le général Riché, qui n'est pas l'auteur de ce crime atroce, n'est pas un général *mulâtre* : il est *noir*, et sa femme, qu'il n'a pas assassinée, vit encore. Donc, la conséquence qu'en a voulu tirer M. Schœlcher est fausse ; car les actes d'atrocité qu'il attribue à sa *faction jaune* ne sont pas non plus des faits d'hommes noirs ; donc la conséquence qu'il en déduit tourne contre toutes les combinaisons et les spéculations politiques qu'il voudrait établir dans son livre.

Je tiens d'Haïtiens, en ce moment à Paris, qui ont connu le roi Christophe, que le roi n'a jamais crevé l'œil de Riché. Riché a perdu son œil à la guerre ; et ce qui me fait croire plutôt à cette version qu'à celle de M. Schœlcher, c'est la contradiction établie par M. Schœlcher lui-même dans sa narration. — « Pour *obéir* à « Christophe, Riché s'empressa de tuer sa femme et ses enfants », dit M. Schœlcher. Puis, plus loin : « Christophe eut si grande « horreur de cette férocité, qu'il creva un œil à son général », dit encore M. Schœlcher. — Contradition inconcevable. Christophe, d'ailleurs, était bien capable de faire fusiller un de ses généraux pour son bon plaisir, mais quant à se porter de sa personne à une violence telle que celle dont parle M. Schœlcher, il ne le fit jamais : *ceci est historique*.

Mais voici le général Riché qui vient, lui-même, démentir la fable imaginée sur son compte.

Il paraît que les journaux des États-Unis ont pris au sérieux, comme les journaux de Paris, le livre de M. Schœlcher. Une de ces feuilles, ayant rendu compte du livre, a reproduit le fait infâme imputé au général Riché. Le général noir qui a le malheur d'être détenu dans les prisons des Cayes, et qui doit passer en jugement, par suite de la dernière révolution d'Haïti, a lu dans sa prison le fait qui lui est reproché. Voici dans quels termes ce général repousse cette calomnie dans un journal d'Haïti :

« J'ai lu un écrit qui m'attribue le crime atroce d'avoir tué ma femme et mes enfants. Je proteste contre cette abominable calomnie : non, non, je n'ai point commis un crime aussi affreux; je n'aurais pu y survivre. J'ai su que le général *Charles Charlot* a été accusé d'avoir commis ce crime au Limbé, dont il commandait l'arrondissement; j'étais alors colonel, commandant la place du Môle Saint-Nicolas.

« Je me suis marié en 1809, et j'ai le bonheur d'avoir, jusqu'à ce jour, conservé les jours de mon épouse qui jouit, en ce moment, d'une santé parfaite au Cap.

« J'ai perdu mon œil droit dans les terribles guerres de la révolution. J'étais alors capitaine des grenadiers du 3me bataillon, 2me régiment. Dans une de nos batailles contre la division Hardy, en quittant la Crête-à-Pierrot et nous rendant au Cap, à la tannerie de la grande rivière, j'ai reçu une balle qui m'a crevé l'œil. Ce sont des faits qui peuvent être témoignés par nombre de vétérans, mes compagnons d'armes ; je mets mes accusateurs dans le plus formel défi de les démentir. (1) »

Maintenant, que doit-on penser des *frémissements* de ces honnêtes gens, dont parle M. Schœlcher, coudoyant au palais présidentiel le général Riché ?

Pour ne pas déranger le plan de son livre et la convenance de ses idées bâties sur le faux, M. Schœlcher a fait, comme on vient de le voir, de trois hommes noirs, Geffrard, Magny et Riché, trois hommes de la *faction jaune*, ou mulâtres. Maintenant,

(1) *Manifeste* du 24 septembre 1845.

voici une autre métamorphose : l'écrivain *abolitioniste* va faire *noirs* des hommes *jaunes*. Il s'agit de la tentative d'assassinat commise sur la personne de l'ancien secrétaire-général de la république, M. Inginac. Voici dans quels termes M. Schœlcher raconte ce fait :

« L'exécution de *deux nègres*, Remond-Bonhomme et Étienne « Manga, qui tentèrent, il y a quelques années, d'assassiner le « général Inginac, complice du président Boyer, doit être aussi « notée comme un attentat à la justice des nations..... »

Et plus loin : « Toutes les conspirations qui éclatent sont des « conspirations noires.

« Darfour était noir.

« Le colonel Isidore Gabriel, qui se souleva au Cap, en janvier « 1838, était nègre.

« L'assassinat du général Inginac devait être le signal d'une « insurrection..... les deux coupables étaient *nègres*. »

Erreur grossière : Il y avait trois coupables, et non deux. De ces trois coupables, deux, Bonhomme et Etienne Manga, étaient mulâtres. Raymond (dont M. Schœlcher fait une seule personne avec Bonhomme) seul était noir. Raymond, Bonhomme et Etienne Manga étaient donc *deux mulâtres* et *un noir* ; ce sont trois personnes distinctes et non deux *nègres*.

Le principal accusé, l'auteur de la conspiration, Etienne Manga, était un *mulâtre*. Donc, ce n'est pas la question de prééminence de couleur qui excita ce complot.

Le colonel Isidore Gabriel, noir, avait pour complice son beau-fils Richeu, mulâtre : ils furent tués l'un et l'autre dans cette insurrection. Le fils d'Isidore existe encore à Haïti, ainsi que sa veuve et ses deux belles-filles, qui sont des mulâtresses.

Dans l'affaire de Darfour, noir, condamné et exécuté à mort, M. Schœlcher ajoute : « La chambre, terrifiée par cet acte sanguinaire, prononça la déchéance, sans jugement, de quatre « de ses membres. Les citoyens Laborde, Béranger, Saint-Lau- « rent et Saint-Martin, qui avaient soutenu la pétition de Dar- « four, furent chassés. » Mais M. Schœlcher, dans ses préoccupations, dans sa manie de ne pas voir les choses sous leur véritable jour, oublie de dire que les citoyens **Laborde, Béranger, Saint-Laurent** et **Saint-Martin** sont des mulâtres, et que ce n'est pas l'intérêt de caste qui divise les Haïtiens dans toutes leurs entreprises, dans leurs révolutions, mais bien l'intérêt politique des partis, abstraction faite de la couleur, puisque ces partis sont toujours composés indifféremment de noirs et de mulâtres dans les deux camps. Là-bas, comme ici, comme partout, il y a l'amour du pays, l'amour de la liberté et de l'égalité, que chacun entend à sa façon et dans son intérêt. Puis les différents pouvoirs de l'état qui sont aux prises : le pouvoir exécutif luttant, tantôt contre les envahissements des partis ambitieux, avides du pouvoir, tantôt contre le patriotisme des hommes généreux qui se sacrifient dans l'intérêt de tous, et *vice versà* ; ceux-ci toujours en lutte contre le despotisme et l'ambition des uns et des autres, quelle que soit leur couleur, quelle que soit leur origine.

Si de ces suppositions, de ces transformations de personnes, vous passez à une autre série de faits, par exemple à celle des lieux et des temps, vous trouverez M. Schœlcher tout aussi peu scrupuleux historien. Tout est interverti comme à plaisir. Je laisse de côté la naissance de Toussaint-Louverture, que fait remonter M. Schœlcher à l'an de grâce 1545 : ce qui ferait supposer que ce général avait 250 ans à l'époque de la révolution de Saint-Domingue. Je ne fais mention de cette erreur de date que pour constater, bien entendu, la légèreté avec laquelle M. Schœlcher chante l'histoire des colonies, et je suis bien disposé à laisser cet anachronisme sur le compte de son prote, supposant que c'est une faute typographique, bien que ces erreurs soient reproduites à chaque page du livre, et qu'on soit presque tenté de croire que c'est, chez M. Schœlcher, une sorte de manie, de bizarrerie, pour se singulariser et ne pas ressembler au commun des martyrs qui tient à l'exactitude des faits et des dates, lorsqu'il s'agit d'histoire. Que penserait-on d'un historien qui, en parlant des trois journées de la révolution de Juillet 1830, les placerait aux 13, 14 et 15 juillet, c'est-à-dire avant les ordonnances qui provoquèrent cette révolution ? Eh bien ! c'est ce que fait M. Schœlcher dans son aperçu et dans son précis historiques sur Haïti. Vous l'avez déjà vu, vous allez le voir encore.

A l'occasion du soulèvement qui éclata à Saint-Marc dans le régiment en garnison dans cette ville, et par suite duquel les conjurés décapitèrent le général Jean-Claude, soulèvement qui amena la chute du roi Christophe, M. Schœlcher la porte en date au 4 octobre 1820 : lisez le 2 octobre. Ce n'est pas non plus, comme il le prétend, le général Bottex, qui le premier arriva à Sans-Souci pour donner la nouvelle de la défection des troupes à Christophe : c'est M. Méhu, secrétaire du cabinet du roi, qui vint au palais lui porter cette nouvelle. Le général Richard, qui voulait établir un gouvernement distinct de la république, n'écrivit pas au président Boyer, comme le dit M. Schœlcher, « pour lui dire que tout était fini. »

Autre erreur chronologique de M. Schœlcher : cet *historien* fait entrer le président de la république d'Haïti, au Cap, le 20 octobre, suivi de son armée. Eh bien, c'est le 21 octobre que parut au Cap une adresse signée par les magistrats et généraux de la cour de Christophe, annonçant au peuple et à l'armée qu'ils « *attendaient* le président de la république et ses troupes, qui « *vont arriver* pour recevoir et donner le baiser de paix et de fraternité. (1) » En effet, c'est le 26 qu'eut lieu cette entrée, et non pas le 20.

Sur la conspiration du général Richard, voici comme M. Schœlcher raconte la chose : « Quelques mois s'étaient à peine écoulés « depuis la réunion (du royaume de Christophe à la république), « que Richard, demeuré commandant du Cap, fut accusé d'être « le chef d'une conspiration, arrêté, conduit à Port-au-Prince, et « *fusillé le* 28 *février* 1821. Il existait si peu de preuves contre lui, « que le conseil de guerre même auquel on l'avait livré ne prononça sa condamnation qu'à la majorité absolue des suffrages. »

Le général Richard, que M. Schœlcher fait fusiller *sans preuves*, le 28 février, a été jugé le 3 mars par un conseil de guerre, composé en majorité de noirs, et sous la présidence de l'honorable général de division Gédéon, noir. Le rapporteur de ce conseil de guerre était le brave colonel Frémont, noir. « Le conseil a déclaré, à la majorité absolue, Jean-Pierre Richard, ex-général de division, coupable du crime de trahison contre l'Etat,

(1) Voyez *Précis historique*, par Wallez.

crime prévu par l'article 2 de l'arrêt du Sénat, en date du 27 février 1807, et l'a condamné à la peine de mort, pour être exécuté dans le délai de la loi. (1) » Ce délai de la loi ne veut pas dire : avant le jugement ; et c'est pourquoi Richard a été fusillé après avoir été jugé, et non pas le 28 février, avant son jugement, comme l'écrit M. Schœlcher.

Quant au défaut de preuves, voici ce qu'écrivait, le 4 mars 1821, le général Gédéon, président du conseil de guerre, au chef du pouvoir exécutif, en lui transmettant l'expédition de ce jugement :

« Le conseil non seulement a vu, par les charges portées « contre Richard, que ce perturbateur du repos public avait tra- « vaillé l'esprit de quelques militaires pour les exciter à la déso- « béissance et à la révolte contre le gouvernement, mais il s'est « convaincu, par une déclaration faite par ce traître, lors de son « interrogatoire, qu'il a signé, qu'il avait demandé nuitamment « des fusils à un *étranger* nommé Hoffmann, domicilié au Cap- « Haïtien, à l'effet d'armer clandestinement ceux qu'il croyait à « sa dévotion. Le refus de cet étranger de livrer ces armes « pendant la nuit, a sans doute empêché l'effusion du sang haï- « tien au Cap ; mais la démarche de Richard n'a pas moin « donné à son crime le caractère le plus odieux. (2) »

En parlant d'un acte d'agression à main armée, exécuté par les Français, sous les ordres de M. l'amiral Jacob, dans la presqu'île de Samana, M. Schœlcher fait encore un anachronisme. Il fait remonter à l'année 1820 cet acte d'hostilité : c'est en février 1822 qu'il eut lieu, avec quelques troupes embarquées de la Martinique et de la Guadeloupe, de la garnison de ces deux colonies, ainsi que nous le prouverons tout-à-l'heure.

Un des événements remarquables de l'histoire d'Haïti, — la réunion de la partie de l'Est, ancienne possession espagnole, à la république haïtienne, — est reporté par M. Schœlcher au 28 janvier 1822.

« C'est, dit l'*historien d'Haïti*, à partir de ce jour, 28 janvier « 1822, que l'étendard bleu et rouge de la république une et in-

(1) *Précis historique*, par Wallez.
(2) *Id.* *Id.*

« divisible flotta sur l'île entière. » Il y a encore dans cette version une erreur chronologique. L'armée républicaine étant partie le 27 janvier du Port-au-Prince, ne pouvait arriver le 28 à Santo-Domingo : c'est ce qui fait que cette réunion ne s'accomplit que le 9 février, et non pas le 28 janvier.

Je prendrai la liberté d'ajouter, pour l'instruction de l'*historien de la république d'Haïti et des colonies*, qui paraît aussi ignorant des faits que de leurs causes, que ce fut par suite des événements révolutionnaires qui séparèrent la partie de l'Est d'Haïti du gouvernement espagnol, que les deux gouverneurs de la Guadeloupe et de la Martinique, M. de Lardenoy et M. Donzelot, d'accord avec M. l'amiral Jacob, commandant la station des Antilles, tentèrent, en 1822, leur échauffourée dans la presqu'île de Samana. M. Schœlcher se demande avec une sainte naïveté : « Quel était « le but de ce caprice d'ennemi? Par quel ordre cette hostilité « avait-elle été commise? » — Eh! mon Dieu! pour avoir un pied à terre à Haïti au moment où une révolution s'accomplissait dans une des parties de cette île. C'est à quoi de prétendus amis des noirs ne réfléchissent pas, lorsqu'ils écrivent de mauvais livres comme celui que je réfute, de nature à diviser les *noirs* des *jaunes*, et à rendre faciles des tentatives pareilles à celle de l'amiral Jacob. C'est à quoi ne pensent pas d'autres *amis*, non moins imprudents, lorsqu'ils écrivent des lettres impolitiques, soit dans les journaux, soit ailleurs, sur les affaires d'Haïti, croyant de très bonne foi servir les intérêts de ce pays. C'est à ces amis *des noirs* que pensait sans doute le bon La Fontaine, lorsqu'il écrivait ceci :

.... « Je l'attraperai bien, dit-il, et voici comme :
« Aussitôt fait que dit : le fidèle émoucheur
« Vous empoigne un pavé, le lance avec roideur,
« Casse la tête à l'homme en écrasant la mouche ;
« Et, non moins bon archer que mauvais raisonneur,
« Roide mort étendu sur la place il le couche. »

La morale de ces paroles est connue ; elle est bien applicable dans l'*espèce*.

Contre le vœu de la majorité des citoyens, qui était d'opérer la réunion de l'Est à la république d'Haïti, MM. Clarac, Couret, Lira, et autres de Santo-Domingo, sollicitèrent l'appui des Français, en opposition à José Nunès, qui, de son côté, offrait la réunion de cette partie du territoire à la république de Colombie. Les gouverneurs des colonies françaises, instruits de ce qui se passait, crurent pouvoir tenter une excursion dans la baie de Samana ; mais l'expédition, sous les ordres de M. l'amiral Jacob, arriva sur le littoral après la réunion de cette partie de l'île à la république d'Haïti : l'expédition échoua.

Je ne m'attacherai pas davantage à redresser d'autres erreurs de dates, sans importance pour l'histoire, et où la fidélité n'est pas plus observée par l'*historien* ; car, qu'importe, à l'occasion d'un fait accessoire passé le 15 ou le 17, que ce soit au 7 ou au 9 que le rapporte M. Schœlcher ; mais ce que j'ai dû ne pas laisser échapper, ce sont les faits et les événements dont la date sert souvent de qualification.

Maintenant, nous voici au chapitre des contradictions, des palinodies. Les amis de M. Schœlcher vont encore pousser les hauts cris ; ils vont trouver *abominable* que je me *permette* d'opposer M. Schœlcher à lui-même, pour le réfuter par lui-même, et mettre en cause son jugement et la portée de son esprit, comme historien et comme abolitioniste. Ma foi, tant pis ! Pourquoi ne pas rester dans le vrai ? Pourquoi sacrifier sans cesse les principes d'éternelle justice et la vérité suivant les circonstances ?

Au sujet de la *mission spéciale* dont furent chargés MM. Dauxion-Lavaisse, Draverman et Franco-Médina, à Haïti, en 1814, par le ministre de la marine, M. Malouet, M. Schœlcher, après avoir assez cavalièrement parlé des sentiments de dignité du président Pétion, arrive à la correspondance qui eut lieu entre Pétion et Lavaisse ; il fait ressortir en *toutes lettres* et en *italiques*, cette fois, que « c'est Pétion, le *père du peuple*, qui, le premier, a « parlé d'*indemnité* et l'a offerte ! » Voulant sans doute inférer de là que les intérêts du peuple étaient sacrifiés, si l'on s'arrête à la petite malice de l'*historien*, qui prend soin de souligner les mots de *père du peuple* et celui d'*indemnité*. Mais ne préjugeons rien à cet égard : peut-être M. Schœlcher n'a-t-il voulu rien en induire.

Cependant, comme il tient à prouver que c'est la *faction jaune* qui sacrifie les intérêts du *parti noir*, la vérité perce malgré lui, et presque à son insu ; il finit par dire : « Cependant, si Pétion « manqua de noblesse, il faut reconnaître bien haut qu'il ne fit et « n'eut jamais la volonté de faire aucune concession qui pût com« promettre l'intégrité de l'honneur national. Dans sa longue « correspondance avec M. Esmangart, il repoussa toujours le « droit de souveraineté, et exigea qu'on reconnût avant tout l'in« dépendance d'Haïti. »

Plus loin, à propos de l'acte de reconnaissance d'Haïti par la France, voici comment il s'exprime :

« Haïti devait faire un traité avec la France et non pas rece« voir une lettre d'affranchissement. Les Haïtiens pouvaient con« sentir à acheter la paix d'un ennemi trop fort pour n'être pas « capable de leur causer beaucoup de mal ; mais ils s'indignent « d'avoir été impérieusement condamnés « à dédommager les « anciens colons qui réclameront une indemnité. » Le sentiment « de cette humiliation est encore si vif dans tous les cœurs, que « ce n'est jamais sans des précautions extrêmes, et presque à la « dérobée, que le gouvernement fait porter à bord de nos vais« seaux les termes échus de l'indemnité.

« Les Haïtiens disent avec colère, et nous sommes entière« ment de leur avis, qu'ils ne devaient rien aux propriétaires de « Saint-Domingue. Imposer une indemnité à des esclaves vain« queurs de leurs maîtres, en effet, c'est leur faire acquitter à « prix d'argent ce qu'ils ont déjà payé de leur sang. N'est-ce « point, au reste, avec les plus *fermes* balances de la justice « que les esclaves affranchis auraient pu établir une compensa« tion entre ce qu'ils prenaient aux maîtres et ce que les maîtres « avaient ravi aux esclaves? Les richesses de Saint-Domingue, « qui les avait créées? N'était-ce point la main des esclaves? « Ceux-ci n'avaient-ils pas à revendiquer le prix du travail qu'on « les avait forcés de donner pendant un siècle et demi sans sa« laire? Ne faut-il pas avoir divorcé avec la raison pour ne point « admettre qu'ils avaient eux-mêmes plus de droits à exercer « contre les colons, pour le solde de cette dette, que les colons « venant réclamer le prix d'une terre dont ils s'étaient laissés « chasser après l'avoir souillée de violences et de crimes?... »

En reproduisant tout ce passage du discours de M. Schœlcher

aux Haïtiens, je n'ai point en vue, on le pense bien, de combattre les vérités qu'il contient, mais de faire remarquer que M. Schœlcher a été moins sévère, lorsqu'il s'est agi de ses hôtes de la Martinique et de la Guadeloupe, pour lesquels il ne veut pas, par reconnaissance sans doute de l'hospitalité qu'il a reçue d'eux, qu'on marchande l'indemnité pour les déposséder de leurs esclaves. Sans doute, l'*historien abolitioniste* ne trouve pas que ses hôtes aient assez *souillé de violences et de crimes* la terre de la Guadeloupe et de la Martinique? Les Haïtiens qui ont accepté la stipulation de l'indemnité, dans l'acte de reconnaissance de leur indépendance par la France, peuvent répondre ceci à cette partie du discours de M. Schœlcher :

« Nous n'avons pas traité avec les colons que nous avons chassés à jamais du sol d'Haïti. Nous n'avons pas stipulé l'indemnité pour payer le prix des esclaves à leurs maîtres ; mais nous avons reconnu envers la France une indemnité destinée à dédommager les anciens propriétaires des terres et des maisons qui leur appartenaient, et dont nous sommes aujourd'hui en possession : terres et maisons tenant au sol, sur lequel ils ne pourront *jamais mettre les pieds à titre de maîtres ou de propriétaires*. C'est ce que nous avons stipulé ; c'est ce que la France a accepté. En traitant avec nous, la France connaissait cet article de notre constitution, que nous n'avons pas révisé, pour obtenir d'elle l'acte de reconnaissance de notre indépendance comme nation. »

Et ce que je dis est si vrai, que les commissaires du gouvernement français, envoyés par Louis XVIII pour traiter avec Haïti, MM. de Fontanges et Esmangart, écrivant au président Pétion, s'exprimaient ainsi sur cet article de la constitution haïtienne : « Vous rétablissez par cet article, d'une manière bien plus ab-« solue que ne l'avait fait aucune ordonnance, la différence que « la philanthropie, depuis un demi-siècle, s'efforçait de faire « disparaître entre les colons. *Vous commettez un acte d'hostilité « envers l'Europe ;* vous faites scission avec elle ; vous lui donnez « le droit de confisquer par représailles les biens de tous ceux « qui portent chez vous le nom d'Haïtiens. Si les philanthropes, « qui ne sont pas non plus exempts de la proscription que vous

« prononcez contre la couleur, se récrient néanmoins contre les « représailles que l'Europe pourrait se permettre d'exercer, on « pourra leur répondre avec votre constitution. Le principe aura « été rétabli par vous ; quel droit auriez-vous donc de vous plaindre?

« Telle est, cependant, continuent les commissaires de « S. M. Louis XVIII, telle est *la chose que vous demandez au roi « de vouloir bien reconnaître. Le peut-il, sans manquer à ce qu'il se « doit à lui-même*, à ce qu'il doit à ses peuples, à ce qu'il doit « aux autres puissances (1) ? »

Ce que ces commissaires croyaient impossible, S. M. Charles X l'a résolu par l'acte de reconnaissance de l'indépendance d'Haïti, porté par M. l'amiral Mackau, aujourd'hui ministre de la marine et des colonies.

Poursuivant l'examen de l'acte de reconnaissance de l'indépendance d'Haïti, M. Schœlcher termine ainsi son discours aux Haïtiens sur l'indemnité :

« Une indemnité ! mais pourquoi, après tout? Lorsque les « Français furent obligés de quitter l'île, la guerre avait tout « détruit ; les habitations étaient ravagées, les maisons abattues, « les usines renversées, les bâtiments publics saccagés, et les « plus beaux édifices ne présentaient que des décombres. Les « houes avaient été converties en haches d'extermination ; les « champs de cannes étaient devenus des ossuaires ! Dans cette « laborieuse gestation d'où naquit le peuple haïtien, tout s'était « écroulé, et là où les balles et les boulets avaient failli, la colère « du peuple avait achevé de briser les derniers monuments de « son opprobre passé. Il ne restait véritablement que le sol, et « la conquête d'Haïti, eût-elle été possible, elle n'eût toujours « rendu aux colons que le sol ! Les esclaves victorieux, en se dis- « tribuant ces ruines rouges et fumantes, usèrent d'un bien « qu'ils avaient gagné, etc., etc.... »

Ce discours est très éloquent, j'en conviens ; mais concilie qui pourra ceci avec l'opinion de M. Schœlcher sur l'indemnité *due* à ses hôtes de la Martinique et de la Guadeloupe. O hospi-

(1) Correspondance de MM. les commissaires de S. M. T. C., Fontanges et Esmangart avec le président Pétion. (Lettre du 30 octobre 1816.)

talité ! Dans quelle vue d'ailleurs vient-on reprocher aux Haïtiens, comme un acte de faiblesse, un traité consenti par eux il y a dix-huit ans, et qu'ils ont depuis débattu, en faisant réduire à moitié l'indemnité stipulée dans l'acte de reconnaissance, et en prolongeant les termes des paiemens au-delà de ceux qui avaient été fixés. Si j'avais l'honneur d'être citoyen d'Haïti, j'eusse prié M. Schœlcher de m'expliquer comment il se fait que, blâmant les Haïtiens qui payent à la France une indemnité pour le sol enlevé aux anciens colons, il reconnaisse d'un autre côté la légitimité de l'indemnité préalable aux possesseurs d'esclaves des colonies françaises, pour l'affranchissement de leurs esclaves. La possession de l'homme par l'homme lui semble donc équitable, qu'il faille une indemnité pour abolir l'esclavage ! Puisque nous avons fait connaître l'opinion de M. Schœlcher *contre le droit* à l'indemnité des propriétaires dépossédés de leurs terres et de leurs maisons à Saint-Domingue, faisons connaître aussi son opinion en *faveur du droit* des colons ses hôtes, propriétaires d'hommes noirs esclaves aux Antilles françaises.

On lit dans le volume intitulé : *Des colonies françaises. Abolition de l'esclavage*, publié précédemment par M. Schœlcher :

« L'esclavage est le malheur des maîtres et non pas leur faute, « la faute est à la métropole qui le commanda, qui l'excita. « *L'indemnité* est donc *un droit* pour les créoles. Tout ce que « l'on peut *avancer pour soutenir le contraire ne peut être que de « l'injustice et du sophisme*. Ceux qui *prétendent* qu'il est permis « *d'arracher aux maîtres leur propriété* NOIRE, parceque cette « *propriété est et a toujours été illégitime, méconnaissent qu'elle « est et a toujours été* LÉGALE ; ils oublient que le *pacte social* qui « la protège *ne peut rien défaire violemment* de ce qu'il a *institué « législativement*. » M. Schœlcher dans son épître dédicatoire à ses hôtes, leur avait déjà dit : « *Je vous aime, parce que vous « avez été bons et généreux pour moi*. Je voudrais que la mé- « tropole vous donnât une indemnité, *car indemnité c'est justice*. »

Ainsi donc, d'un côté, parceque les colons de la Guadeloupe et de la Martinique ont été *bons et généreux* envers M. Schœlcher, il trouve que l'indemnité, pour abolir l'esclavage, c'est justice envers eux, et que tout ce que l'on peut avancer pour soutenir le contraire ne peut être que de *l'injustice* et *du sophisme*, parce-qu'il n'est pas *permis d'arracher aux maîtres leur propriété* NOIRE *qui est et a toujours été légale*. De l'autre, les anciens colons de Saint-Domingue, dépossédés violemment de leurs propriétés territoriales, qui n'ont pas eu occasion d'être, *sur leurs terres*, bons et généreux envers M. Schœlcher, par la raison bien simple qu'ils en ont été chassés par les citoyens actuels d'Haïti, sont sans droit à réclamer le prix de ces terres dont ils se sont laissés chasser. — M. Schœlcher n'est pas logique dans ses raisonnements, mais certes on ne lui en adressera pas de reproches en cette occasion chez les hôtes de l'*historien*..... (1)

A propos de la question de l'indemnité, ces pauvres Haïtiens doivent être bien embarrassés, si, comme on l'a publié dans un journal de Paris, « ils ont *invoqué le patronage* et *les conseils* des « honorables citoyens qui se sont occupés en France de cette « question et qui avaient prédit la guerre civile, qui n'a pas tardé « à éclater » (2). Parmi les *patrons et conseillers* d'Haïti, l'un d'eux a fait savoir par la voie de la presse « qu'il y a plusieurs années « qu'il écrit à M. Guizot, ministre des affaires étrangères, pour « l'informer que les mesures despotiques du président Boyer « amèneront une guerre civile et une catastrophe dont le résultat « serait le *non paiement de la dette d'Haïti envers la France* (3). » Qu'en pense M. Schœlcher, en sa qualité de *co-patron et de conseiller* d'Haïti, lui qui conseille à Haïti de ne pas payer, et qui a promis sans doute aux Haïtiens son *protectorat*? Entre ces deux opinions diverses, également honorables, venant de deux *conseillers*, de deux *patrons*, d'Hippocrate qui dit *oui*, de Gallien qui dit *non*, que doivent faire les Haïtiens ?...

Si j'avais l'honneur d'être citoyen d'Haïti, et qu'en ma qualité de descendant d'Africain je fusse appelé dans le conseil du général Rivière Hérard, pour résoudre ces deux opinions divergentes des *patrons et conseillers* d'Haïti, je me serais contenté

(1) Aux colonies françaises, les blancs ont considéré l'ac ede reconnaissance d'Haïti comme l'événement le plus remarquable du siècle. Voyez *notes finales*, lettre E.

(2) Voir *le Constitutionnel* du 15 mai 1843.

(3) Voir *le Siècle* du 9 avril 1843.

pour tout discours de ces quelques mots : « Qu'Haïti prenne conseil de la nécesssité et de la justice ! »

Encore quelques mots, et j'aurai terminé cette première partie de mon travail. Je vais emprunter de M. Schœlcher l'apostrophe qu'il adresse aux mulâtres, dans son volume sur les *Colonies françaises*, en y changeant seulement quelques mots, pour me faire bien comprendre de certains *patrons et conseillers* de la race noire :

« Revenons à ces *patrons :* il faut qu'un mulâtre le leur dise : il est urgent de l'avouer, dans la lutte qui a lieu sur les terres des Antilles, ils nuisent à la cause de leurs *protégés;* ils ne se dirigent ni avec habileté, ni avec talent, ni avec l'à-propos qui serait nécessaire dans leur position, pour faire triompher la cause qu'ils croient défendre. Ils ont parmi eux des *amis* inconséquents, *amis* plus dangereux et plus nuisibles que les adversaires de l'abolition ; car ceux-ci sont payés par les colons pour défendre l'esclavage ; mais eux, ce sont leurs *protégés,* leurs *patronés* qu'ils avilissent, qu'ils compromettent par de mauvais écrits, par de fausses démarches. Il n'est que trop vrai, ces *amis* se sont trop longtemps fourvoyés ; ils servent, sans s'en douter, d'auxiliaires à leurs adversaires, en voulant toujours tenir les hommes de race noire sous leur dépendance, et en les divisant pour y parvenir, oubliant que c'est l'union qui fait la force. Le fabuliste l'a dit avec vérité :

« **Rien n'est plus dangereux qu'un ignorant ami,**
« **Mieux vaudrait un sage ennemi.** »

« Abjurez donc votre erreur, c'est un mulâtre qui vous en convie. Abjurez votre erreur, car les effets en peuvent être horribles ! Sortez de l'ornière où vous vous êtes enrayés ! Ne détruisez pas, au nom de Dieu, l'œuvre sainte des Grégoire, des Brissot et des Condorcet, des Wilberforce, des Granville-Sharp et des Clarkson !

« Vous, Monsieur Schœlcher, persuadez-vous bien qu'Haïti a besoin de la paix intérieure et de la paix extérieure pour prospérer ; que les incitations, quelque honorables qu'elles soient, lorsqu'elles agissent sur de prétendues rivalités de castes, ne peuvent que réveiller de vieilles passions, fruits de l'esclavage et de ses préjugés; que les distinctions que vous établissez en Haïti, entre votre *faction jaune* et votre *parti noir*, ne peuvent engendrer que d'épouvantables malheurs et la ruine de ce beau pays, au profit des seuls adversaires des noirs; que l'insuccès de la civilisation des Haïtiens, comme nation, comme gouvernement, peut reculer indéfiniment l'œuvre de l'abolition de l'esclavage et de la réforme dans nos colonies. »

II.

Si je pouvais concevoir le moindre doute sur le danger que présente l'esprit du livre de M. Schœlcher, pour les hommes noirs dont il prétend défendre la cause, le chapitre intitulé *La Faction jaune* m'édifierait ou achèverait de me dessiller les yeux. En effet, il suffit de lire attentivement ce chapitre pour se convaincre que l'auteur n'a pas puisé ses inspirations à des sources amies, mais à des *sources ennemies*. Je dirai plus tard quels auteurs a consultés M. Schœlcher, et quels autres il avait sous les yeux, qu'il a dédaigné de consulter.

Dans le chapitre intitulé *La Faction jaune*, M. Schœlcher débute par la relation de la catastrophe des infortunés Ogé et Chavannes, victimes l'un et l'autre de la tyrannie des blancs. On sait que ce malheureux Ogé expira sur la roue, qu'il fut rompu vif, et que sa mort fut la cause première des soulèvements des hommes de couleur (1). M. Schœlcher, qui proteste de sa sympathie pour les mulâtres, n'a pas une seule larme pour ce martyr de la liberté : loin de là, il est froid devant cette épouvantable exécution par la main du bourreau, et sa plume ne retrouve plus sa vivacité, son éloquence, que pour chercher à flétrir la mémoire d'Ogé. Ne se contentant pas de sa coupable indiffé-

(1) Par *hommes de couleur* on entend aux colonies, et c'est ainsi qu'on l'entendait aussi à Saint-Domingue avant la révolution, les mulâtres et les noirs libres; comme par *noirs* on entend les esclaves, bien qu'il y ait des mulâtres esclaves.

rence, *l'historien abolitioniste* ne veut pas que les Haïtiens conservent le souvenir de leur frère ni qu'ils honorent sa mémoire. C'est sur un ton railleur, moqueur, qui sied mal d'ailleurs, en toute circonstance, en présence de l'échafaud, que M. Schœlcher raconte la fin tragique d'Ogé et de Chavannes. Laissons parler M. Schœlcher lui-même : l'inconvenance de son langage n'en sera que mieux appréciée :

« Ogé et Chavannes sont devenus, sous la faction qui gou-« verne, de grandes célébrités du pays ; leurs noms se trouvent « dans toutes les bouches, et, d'un bout à l'autre de la répu-« blique, on ne parle jamais de la délivrance sans nommer tout « d'abord Ogé et Chavannes. Hidalgo et Allende, les deux héros « de l'indépendance mexicaine, ne sont pas plus célébrés par la « reconnaissance de l'Amérique septentrionale, qu'Ogé et Cha-« vannes en Haïti. M. Faubert, qui sait bien ce qu'il y a de vrai « là-dedans, est cependant resté fidèle au mot d'ordre, et, *sa-« crifiant sa probité d'historien* à ses passions politiques, il a pré-« senté l'épisode d'Ogé sous le jour convenu. Dans son drame, « Ogé ne pense qu'à la liberté générale et meurt pour elle. Bien « mieux, il mène *ses bandes* au combat contre les blancs, en « 1790, avec le drapeau d'Haïti bleu et rouge, qui ne fut créé « par Dessalines qu'en 1803. »

C'est sur ce ton léger que M. Schœlcher parle de ce triste événement de la mort d'Ogé : un tel langage ne fait pas honneur à la sensibilité de cœur de l'*historien abolitioniste*. Pourquoi donc les Haïtiens ne célèbreraient-ils pas par la reconnaissance, par une sorte d'ovation, la mémoire d'Ogé et de Chavannes, comme les Mexicains célèbrent Hidalgo et Allende, ces deux héros de leur indépendance ? Et quel héros M. Schœlcher veut-il donc que les Haïtiens célèbrent ? Serait-ce lui, par hasard ? Et serait-ce pour voir s'accomplir cette prétention un peu plus tôt, un peu plus tard, qu'il s'est abstenu dans son livre d'écrire une seule fois le nom de Grégoire, ce sincère ami des noirs, et tant d'autres, qui, avant M. Schœlcher, s'étaient voués de cœur et d'âme à la cause des noirs ? Conçoit-on un livre écrit sur Haïti, sur les colonies, où il n'est pas fait mention de Grégoire ? Cet oubli est fâcheux pour M. Schœlcher comme historien et comme abolitioniste.

Le grand mal à M. Faubert d'avoir, dans son drame, méconnu une unité de temps, une situation, en faisant marcher les *bandes* d'Ogé au combat contre les blancs, avec le drapeau d'Haïti bleu et rouge, à la place du drapeau blanc de la France, avec lequel Ogé combattait pour l'exécution d'un décret de l'Assemblée nationale de France! En quoi M. Faubert, *de la faction jaune*, sacrifie-t-il *sa probité d'historien à ses passions politiques*, lorsqu'il arbore le drapeau créé par Dessalines, du *parti noir*, comme M. Schœlcher est convenu de le désigner? L'*historien d'Haïti* peut-il jurer de n'avoir pas sacrifié sa probité d'historien à ses passions, je ne saurais lesquelles dire, dans le livre qu'il a écrit sur Haïti et dans celui qu'il a écrit précédemment sur les colonies françaises? De ce que M. Faubert a fait représenter son drame par de jeunes élèves, M. Schœlcher, *philanthrope*, *ami des noirs*, *historien abolitioniste*, prend occasion pour dire :

« Quand les élèves qui ont joué la pièce et ceux qui l'ont ap-
« plaudie avec enthousiasme voudront aller demander la vérité
« à l'histoire, voici ce qu'ils apprendront :

« Vincent Ogé était un quarteron qui abandonna le Cap au
« commencement de la révolution, en y laissant pour soixante
« ou soixante-dix mille livres de dettes, et vint en France pour
« soutenir les droits des *libres* de Saint-Domingue. Il prit une
« part active à toutes les tentatives faites alors pour leur éman-
« cipation politique; il *s'agita* dans ce sens, mais jamais dans
« celui de l'abolition de la servitude. Une de ses premières dé-
« marches à Paris fut de chercher à se mettre en rapport avec le
« club Massiac, et *ce n'était pas apparemment pour traiter de la*
« *liberté des nègres qu'il se présentait chez les planteurs.* »

Je réponds : Quand les élèves qui ont joué la pièce et ceux qui l'ont applaudie voudront demander la vérité à l'histoire, ils ne liront pas le livre de M. Schœlcher, car l'histoire qu'il nous apprend, il l'a copiée dans les pamphlets et les mémoires de Page, Brulley, Thomas Millet, Daugy et autres colons de Saint-Domingue, les adversaires les plus fougueux des noirs et des hommes de couleur leurs bourreaux de ce temps-là, comme le sont encore aujourd'hui certains hôtes de M. Schœlcher pour les mulâtres et les noirs des colonies françaises. M. Schœlcher n'a sûrement rien trouvé de semblable dans les écrits du vénérable Grégoire, dans les écrits du trop malheureux Brissot, qui porta, lui aussi, sa tête sur l'échafaud, et dans le procès duquel les Page, les Brulley, les Thomas Millet, les Larchevesque-Thibaud et autres colons ont pris part. Ces colons se sont vantés, dans leurs écrits, d'avoir travaillé avec Amar, président du tribunal révolutionnaire, et Fouquier-Thinville, dans la procédure contre Brissot (1). C'est dans les écrits des amis des noirs, c'est dans l'opinion émise par Garran-Coulon, dans le rapport rédigé par cet estimable citoyen, président et rapporteur de la commission nommée par la Convention nationale dans l'affaire des colonies et des troubles de Saint-Domingue, que l'*historien abolitioniste* aurait dû puiser des notes historiques, au lieu d'aller prendre ses inspirations ailleurs, et se faire le triste plagiaire des Page, des Brulley et consorts, en copiant en *toutes lettres* les diatribes de ces colons contre le malheureux Ogé.

Voici quelques paroles de Page, copiées par M. Schœlcher : « *Ogé est parti de Saint-Domingue devant 70,000 livres.* » — M. Schœlcher a écrit 60 à 70,000 livres. — « Sonthonax, con-« tinue Page, a dit que nous visions à l'indépendance pour ne pas « payer nos dettes ; que nous voulions nous mettre en faillite ; il « vous a dit que les hommes de couleur étaient des hommes « probes : eh bien ! vous allez voir quelle était *la probité d'Ogé.* « Il est étonnant que *cet homme*, qui passait de Saint-Domingue « en France sans payer ses dettes, et qui y *passait furtivement*, « car il n'avait point l'agrément de ses créanciers, *ait acheté* « *l'ordre de Limbourg* sans y faire réflexion..... — J'ai marqué « dans ce volume les indications des faits : on y trouvera qu'Ogé « a forcé les hommes de couleur à le suivre ; vous y trouverez « que *lui et sa bande* ont voulu forcer plusieurs esclaves à le « suivre : *certes, l'intention d'Ogé n'était pas de leur donner la* « *liberté*, car vous avez vu que ce n'étaient pas là ses dispo-« sitions. (1) »

Plus tard je reproduirai d'autres paroles de Page et de Brulley.

(1) *Archives du Royaume.* Procès-verbaux des commissaires de Saint-Domingue. Pièces relatives à Page, Brulley et autres colons. — *Rapport* Garran-Coulon. — *Débats dans l'affaire des colonies*, tome I.

M. Schœlcher reproche à Ogé de s'être mis en rapport avec les colons du club Massiac, à Paris : « Ce n'était pas apparemment, « dit-il, pour traiter de la liberté des nègres qu'il se présentait « chez les planteurs. »

M. Schœlcher, au reste, se blesse ici avec ses propres armes, et ne peut-on pas lui dire : Vous, qui vous êtes mis en rapport à la Martinique avec MM. Perrinelle et Guignod, à la Guadeloupe avec M. Bovis, « *apparemment, ce n'était pas non plus pour traiter* « *de la liberté des nègres que vous mangiez à la table de ces plan-* « *teurs.* » Mais suivons la narration de M. Schœlcher :

« La seule chose qu'il ait dite (Ogé) en faveur des nègres fut « la phrase suivante, perdue dans la fin d'un long discours ou « mémoire qu'il lut devant cette société le 7 septembre 1789 : « Ce mot de liberté, qu'on ne prononce pas sans enthousiasme, « Messieurs ; ce mot qui porte avec lui l'idée du bonheur, ne « fut-ce que parcequ'il semble vouloir nous faire oublier les « maux que nous souffrons depuis tant de siècles ; cette liberté, le « plus grand, le premier des biens, *est-elle faite pour tous les* « *hommes? Je le crois. Faut-il la donner à tous les hommes? Je le* « *crois encore.* Mais comment faut-il la donner? Voilà pour nous, « Messieurs, la plus grande, la plus importante de toutes les « questions : elle intéresse l'Amérique, l'Afrique, la France, l'Eu- « rope entière ; et c'est principalement cet objet qui m'a déter- « miné à vous prier de vouloir bien m'entendre. Si l'on ne prend « pas les mesures les plus promptes et les plus efficaces, si nous « ne réunissons pas vite en faisceau toutes nos lumières, tous « nos moyens, tous nos efforts ; si nous sommeillons sur le bord « de l'abîme, frémissons de notre réveil ! Voilà le sang qui coule, « voilà nos terres envahies ; les objets de notre industrie ravagés, « nos foyers incendiés ; voilà l'esclave qui lève l'étendard de la « révolte ! Nous perdons tout. » M. Schœlcher ajoute : « Les « mots timides et dubitatifs sur la liberté, accompagnés de ce « correctif immédiat, *voilà l'esclave qui lève l'étendard de la* « *révolte*, ne méritent guère, il nous semble, les honneurs que « l'on veut rendre aujourd'hui à celui qui les prononça. »

Vraiment ! vous en parlez fort à votre aise, et à peu près comme ces hommes qu'on appelle en politique *les hommes du lendemain.* Comment! ce discours, ces mots d'Ogé sur la liberté vous semblent timides et dubitatifs, et ne méritent guère les honneurs que l'on veut rendre *aujourd'hui* à celui qui les prononça! Mais M. Schœlcher ne raisonne pas comme historien; il ne fait pas la part des circonstances, des temps; il ne place pas Ogé dans la situation de *mulâtre*, privé à Saint-Domingue de tous les droits de citoyen, parlant à une assemblée de grands planteurs, colons puissants même en France, à une époque où il ne s'agissait pas de la liberté des esclaves. M. Schœlcher aurait voulu qu'Ogé parlât, en 1789, de la liberté des esclaves comme on en parle *aujourd'hui*; c'est-à-dire comme il n'en parlait pas lui-même, M. Schœlcher, en 1830, puisqu'il écrivait dans la *Revue de Paris* que « ceux qui veulent l'abolition de l'esclavage « actuelle et spontanée font du sentiment en pure perte. » M. Schœlcher la voulait alors, cette liberté, dans soixante ans, c'est-à-dire en 1890! Un siècle après qu'Ogé eut prononcé en faveur de ses frères dans l'esclavage ces mots que M. Schœlcher trouve timides et dubitatifs! C'est en septembre 1789 qu'Ogé prononçait ces mots *timides et dubitatifs* au club Massiac, et, à cette époque de 89, on délibérait à Versailles sur la question de savoir si le *tiers-état*, auquel appartenaient, je présume, le père et le grand-père de M. Schœlcher, voterait avec la noblesse et le clergé, ou séparément. — Que représentaient alors ces grands planteurs? — La noblesse. — Que représentaient à cette époque Ogé, ces hommes de couleur et ces esclaves au nom desquels il parlait? — Rien, moins que rien! — Le tiers-état représentait quelque chose dans ce pays, il jouissait de tous les droits de cité. Mais les mulâtres, mais les noirs esclaves? Rien, une fois encore rien! Car le *tiers-état*, aux colonies, était ce qu'on appelait les *petits blancs*, les *manans*, les *pobans*. Les mulâtres et les noirs n'étaient pas même des *manans*, vous dis-je. Ils étaient..... *Rien*. Les colons se demandaient si les mulâtres étaient *des personnes*, et révoquaient en doute si les nègres devaient être rangés parmi les *hommes* (1).

(1) *Brochure* de Beauvois, colon de Saint-Domingue. — *Brochure* de Page, adressée à l'assemblée coloniale de Saint-Domingue.

C'est là de l'histoire, de l'histoire de France, de l'histoire des colonies françaises. Et M. Schœlcher, le grand *historien abolitioniste d'Haïti et des colonies*, ignore l'histoire de son pays et des pays sur lesquels il écrit l'histoire. Il est vrai que M. Schœlcher n'écrit que d'après les données de MM. Page, Brulley, Daugy et Larchevesque-Thibaud.

La persistance de l'écrivain *philanthrope* à ne vouloir pas que la postérité conserve souvenir de la mémoire d'Ogé est une chose vraiment incroyable ! car Page, Page lui-même, ce fougueux adversaire des hommes de couleur, Page dépouillé un moment de ses préoccupations, de ses passions politiques, lorsqu'il s'est agi d'un discours historique, en forme d'adresse à la Convention nationale, sur les événements de Saint-Domingue, Page a jeté quelques paroles *de pitié* sur les cendres du malheureux Ogé ; paroles que vainement on chercherait sous la plume de M. Schœlcher *l'abolitioniste, le philanthrope*. — J'en suis fâché pour l'écrivain négrophile, mais je n'ai pas deux poids et deux mesures pour juger les mêmes faits. Homme de parti, je suis avant tout l'homme de la justice ; et je pardonne bien moins à un ami qui m'outrage qu'à un ennemi qui m'injurie.

Voici les paroles de Page sur Ogé :

« Telle était leur attitude (des hommes de couleur) lorsqu'on « vit paraître Ogé. A sa voix, ses frères se montrèrent en armes « dans toutes les parties de Saint-Domingue, et leurs premiers « pas furent marqués du sang des citoyens. Les ateliers furent « préparés à la révolte ; mais l'assemblée provinciale du nord « sut les prévenir...... Ogé ! *victime infortunée* des ennemis de la « révolution, tu voulais ne rien devoir qu'à la force, et, loin de « croire à la justice de tes bienfaiteurs, tu portas dans ton pays « tous les feux de la guerre. L'orgueil de tes frères irrités s'indigna « de ton supplice, et, dans leur délire, ils jurèrent la ruine de « Saint-Domingue. »

C'est là le langage d'un colon, d'un colon ruiné par la révolution de Saint-Domingue, parlant de ***bienfaiteurs*** aux hommes de couleur, à peu près comme M. Schœlcher et quelques uns de ses amis nous parlent d'eux-mêmes aujourd'hui, comme nos ***patrons*** et nos *protecteurs*. Il n'y a que le titre de changé, des colons de moins, M. Schœlcher et ses amis de plus.

Mais ce n'est pas encore tout. M. Schœlcher n'a rien ménagé dans sa diatribe contre Ogé, pour rapetisser le rôle de ce martyr et l'abaisser dans l'opinion de ses frères. Le caractère et la vie d'Ogé sont attaqués par le *philanthrope* avec une violence telle, qu'après la lecture du passage que je vais rapporter, si je n'avais pas à opposer le témoignage d'hommes dont le dévouement à la cause des noirs vaut un peu mieux que le dévouement de M. Schœlcher, — et il peut en être convaincu, — on serait tenté de croire Ogé un lâche misérable. Copions encore M. Schœlcher :

« A la fin, Ogé, plein d'amertume contre les colons, qui le mé-
« prisaient en sa qualité de mulâtre, à Paris comme à Saint-Do-
« mingue, *aigri* par des affaires domestiques qui l'obligèrent à
« quitter cette ville *précipitamment* pour *fuir des créanciers de-*
« *venus importuns*, se rendit à Londres, où il alla trouver
« M. Clarkson, avec lequel il s'était rencontré chez le général
« Lafayette. M. Clarkson, qui paraît avoir été plus soigneux que
« nous ne supposions de ne se point brouiller avec les colons,
« avoue lui-même qu'il fit à Ogé *la charité* de 20 à 30 livres ster-
« lings, pour *se débarrasser* d'un sang-mêlé dont la présence lui
« paraissait compromettante. »

Page, comme on l'a vu plus haut, fait passer *furtivement* Ogé de Saint-Domingue en France, pour échapper à ses créanciers. M. Schœlcher, lui, fait quitter Paris *précipitamment* à Ogé pour fuir des créanciers importuns. La vérité ne se trouve ni dans l'une ni dans l'autre de ces assertions. Dans le procès d'Ogé, il lui a été demandé « si ce n'est pas furtivement qu'il est parti de Paris et a été dans les pays étrangers pour s'y embarquer ? » — Ogé a répondu : « Qu'il *n'a point quitté Paris furtivement*, qu'il s'est mis dans la diligence de Paris à Londres, qui est une voiture publique, et qu'il a pris ce parti-là parce qu'on lui avait refusé le passage de tous les ports du royaume (1). »

Sonthonax a dit à propos d'Ogé : « Lorsqu'on veut attaquer ceux qui ont défendu les droits des hommes, on a toujours cher-

(1) *Procès d'Ogé. — Débats dans l'affaire de Saint-Domingue*, tome I.

ché à leur trouver des crimes dans la conduite de leur vie, dans les différentes circonstances où ils se sont trouvés. »

M. Schœlcher, qui revise souvent dans son livre *le Rapport* de Garran-Coulon et les *Débats dans l'affaire de Saint-Domingue*, a dû lire dans ces ouvrages l'interrogatoire d'Ogé. Comment alors n'a-t-il pas lu cette réponse d'Ogé que je viens de citer? Et, s'il l'a lue, comment peut-il dire qu'Ogé *quitta précipitamment Paris pour fuir des créanciers importuns*? Je défie M. Schœlcher de prouver, par un témoignage autre que celui d'un colon, l'assertion qu'il donne comme vraie sur le départ précipité d'Ogé. En attendant cette preuve que je puis dès à présent même confondre, laissez-moi dire à *l'historien abolitioniste d'Haïti* qu'il n'y a pas une seule phrase de son livre qu'on ne puisse retourner contre lui. Par exemple, ne peut-on pas lui renvoyer ce qu'il dit de Clarkson : « M. Schœlcher paraît avoir été plus soigneux que nous ne supposions de ne se point brouiller avec les colons. » C'est du moins la réflexion rigoureusement juste qui vient à l'esprit de chacun après la lecture de son livre.

Mais conçoit-on cette fureur de la part d'un *ami des noirs*, d'*un philanthrope*, de vouloir ainsi, par tous les moyens, avilir la mémoire de ce malheureux Ogé? Peut-on dégrader, plus qu'il le fait, lui, *abolitioniste*, un martyr qui périt sur l'échafaud, victime des préjugés coloniaux? Pouvais-tu jamais t'attendre, ô malheureux Ogé! qu'après cinquante ans, un prétendu *ami* des noirs, un *successeur* des Grégoire, des Brissot, des Lafayette, — ceux-ci véritables amis des noirs, Lafayette, Brissot et Grégoire qui t'aimaient, qui t'estimaient parce que tu fus digne de leur estime, de leur amitié, — pouvais-tu jamais t'attendre qu'un prétendu successeur de ces vrais amis des noirs viendrait remuer tes cendres pour y jeter le mépris et la déconsidération? Toi, qui fus honoré, respecté par tant d'hommes honorables! Toi, qui trouvas une place digne de ton héroïsme dans les mémoires du célèbre conventionnel Barbaroux! Toi, dont cet homme de bien, pour glorifier et honorer ta mémoire, donna le nom à son fils pour qu'il le portât avec le sien!... Ah! j'ai hâte de repousser ces accusations flétrissantes, et de leur opposer des témoignages vrais, bienveillants. Quoi! Ogé aurait reçu la charité de Clarkson, parce que ce philanthrope lui aurait facilité les moyens d'avoir un passage d'Angleterre aux Etats-Unis et des État-Unis à Saint-Domingue? Je laisse aux amis, comme aux adversaires, de l'abolition de l'esclavage, le soin de juger l'appréciation malveillante du fait reproché à la mémoire d'Ogé, et je soumets en même temps à leur saine raison ces quelques lignes extraites du sixième chapitre des Mémoires du grand révolutionnaire girondin dont je viens de citer le nom :

« Ogé était un homme de couleur (dit Barbaroux), venu de « Saint-Domingue en France avec Raymond, pour y réclamer « des droits que Louis XIV lui-même n'avait pas méconnus. Il « combattait avec les armes de la raison les affreux systèmes de « l'hôtel *Massiac*, lorsqu'il apprit que la persécution ou l'intrigue « des blancs avait fait soulever quelques mulâtres ; il part pour « arrêter un mouvement qui pouvait rendre odieuse la plus belle « cause, et pour sauver à la fois les blancs et ses frères. A son « arrivée les choses étaient trop avancées pour tenter un accom- « modement ; les blancs avaient eux-mêmes soulevé les ateliers ; « les premiers, ils avaient donné le signal de l'insurrection des « nègres, qu'ils ont ensuite voulu attribuer aux écrits des philo- « sophes et aux mulâtres. Ogé, à la tête des siens, *fut d'abord* « *victorieux* ; il enveloppe un parti de blancs, le fait prisonnier, « lui pardonne et le renvoie. Peu de temps après il est lui-même « enveloppé par les blancs : il est pris, et les blancs le font *expi-* « *rer sur la roue*. J'AI VOULU, dit Barbaroux, QUE MON FILS PORTAT « SON NOM AVEC LE MIEN (1), parce que c'est celui d'*un brave* « *homme qui sentait sa dignité et savait la défendre*. »

Voilà certes des paroles consolantes et qui contrastent avec les objurgations de M. Schœlcher : elles consoleront tous les Haïtiens et tous les frères du malheureux Ogé du mal qu'ils ont dû éprouver à la lecture du réquisitoire de l'écrivain *philanthrope* contre la mémoire de ce digne martyr de la liberté.

Mais malheureusement M. Schœlcher ne s'arrête pas là. Il

(1) M. Ogé-Barbaroux, fils du conventionnel, est procureur général à l'île Bourbon.

poursuit Ogé avec la même ardeur que les colons qui l'ont fait mourir sur la roue. Ecoutez ceci :

« *Le jeune mulâtre*, qui avait demandé de l'argent pour passer « aux États-Unis, et qui n'annonçait alors aucun dessein ultérieur, abandonna Londres sans revoir son *bienfaiteur*, alla en « Amérique, et de là revint au Cap. *Le premier apôtre de la li-* « *berté haïtienne* (1), dit M. Schœlcher, *s'était octroyé en route un* « *brevet de colonel des troupes de Saint-Domingue, avait acheté des* « *épaulettes de ce grade, un habit d'uniforme tout brodé et une* « *croix de l'ordre du Lion de Limbourg*, que le prince de Lim- « bourg vendait pour ce qu'elle valait, assez bon marché, à ceux « qui avaient la sottise de la payer. *Ainsi affublé*, il se mit à la « *tête de quelques libres* prévenus de son retour, et bien que Cha- « vannes, son ami, celui-là généreux, dévoué, animé par de « nobles instincts, lui proposât de soulever les ateliers, il ne vou- « lut jamais y consentir. »

Avant de réfuter toutes ces gentillesses de l'écrivain *philanthrope*, tous ces tours d'esprit entassés sur le cadavre du *jeune mulâtre* Ogé; d'Ogé qui part de Londres sans revoir son *bienfaiteur* qui lui avait fait *la charité;* d'Ogé le *premier apôtre de la liberté haïtienne, s'octroyant, en route, un brevet de colonel des troupes de Saint-Domingue;* d'Ogé, *qui achète des épaulettes de ce grade, un habit d'uniforme tout brodé et une croix du Lion de Limbourg;* d'Ogé *ainsi affublé* se mettant *à la tête de quelques libres;* avant, dis-je, de réfuter ces gentillesses du *philanthrope*, se divertissant sur un cadavre, je vais faire connaître encore une fois la source où *l'historien* les a puisées. J'ai cité tout à l'heure quelques paroles de Page copiées par M. Schœlcher; en voici d'autres, vous jugerez du rapprochement :

« Ogé et quelques hommes de couleur tenaient, à Paris, un club, « en 1789. Ogé fut nommé, à cette époque, *colonel*. Ce brevet « était donné à un homme totalement étranger au système mili-

(1) Paroles ironiques de Page, copiées par M. Schœlcher dans un Mémoire de ce colon. Page a dit : « Il est important de faire connaître ce qu'était *cet Ogé*, « *cet apôtre de la philosophie, ce martyr de la liberté et de l'humanité.* » — (Voyez *Débats dans l'affaire de Saint-Domingue*, tome I.)

« taire, à un homme qui, à Saint-Domingue, n'avait fait que « quelques bordereaux chez un négociant. Ogé était *chevalier de* « *l'ordre de Limbourg*, il en a porté la décoration à Saint-Domin- « gue. Ogé partit pour Londres en 1790 ; il prit alors le nom de « Poissac, et quitta celui d'Ogé, qui probablement ne convenait « plus à ses intérêts, *passa ensuite aux Etats-Unis*. Il *débarqua* « *au Cap, le* 23 *octobre* 1790 : le 24, il se rendit au Dondon, chez « lui, sur son habitation, là *où il avait recommandé aux siens de* « *venir se réunir* au moment de son arrivée. Les hommes de cou- « leur se sont réunis chez lui, et, à son arrivée, il trouva *un ras-* « *semblement* de quatre-vingt à cent hommes.......... Ogé était « bien loin d'être le *zélateur de la philosophie, de la liberté* (1). »

A ces paroles de Page, si fidèlement recueillies par *l'historien abolitioniste*, j'ajouterai ces quelques mots de Brulley, autre colon de Saint-Domingue, collègue de Page :

« Pour couler à fond ce qui concerne le *colonel d'infanterie*, « nous ne connaissons que deux colonels, celui du régiment du « Cap et celui de Port-au-Prince. Il ne manquait point de places ; « ces régiments avaient leur colonel, et jamais les colonels des « régiments du Cap et de Port-au-Prince n'avaient été qualifiés « *colonels des troupes de Saint-Domingue* (2). »

Jamais les colonels, dit Brulley, n'avaient été qualifiés *colonels des troupes de Saint-Domingue*; c'est ce qui fait dire à M. Schœlcher qu'Ogé *s'était octroyé en route un brevet de colonel des troupes de Saint-Domingue*.

Vous voyez la similitude, l'identité de ces idées, de ces phrases copiées par M. Schœlcher. Ces mots : *Le premier apôtre de la liberté haïtienne* sont mis par M. Schœlcher en place des mots *Zélateur de la philosophie, de la liberté*, employés ironiquement par Page. — Ce *brevet octroyé en route*, ce *brevet de colonel des troupes de Saint-Domingue*, cette *croix de Limbourg*, toutes ces plaisanteries sont empruntées des paroles de Page et de Brulley, que j'ai citées, avec accompagnement de facéties plus ou moins ridicules de M. Schœlcher, qui fait *acheter des épaulettes et un ha-*

(1) *Débats dans l'affaire de Saint-Domingue*, tome I.
(2) *Id.*, tome I.

bit d'uniforme tout brodé et une croix du Lion de Limbourg par Ogé, et qui, *ainsi affublé*, le fait se mettre *à la tête de quelques libres.*

Il faut convenir que tout ce pathos est d'un très-mauvais goût. Je doute que *tous les hôtes* de M. Schœlcher, aux colonies françaises, s'en amusent, si le *philanthrope*, en écrivant ce paragraphe, a eu en vue de leur ménager ce petit plaisir. Certes, la *Revue des Deux-Mondes* ne disait pas, sans quelque raison, que M. Schœlcher « semble avoir fait abnégation de la vanité littéraire. » Mais comme *abolitioniste*, comme *négrophile et philanthrope*, M. Schœlcher devait-il se permettre ce langage sur un homme de race nègre, un homme qui périt victime des préjugés de couleur, et à l'occasion de la mort duquel Sonthonax, oui Sonthonax, et vous ne récuserez pas M. Schœlcher, vous *radical*, l'opinion du commissaire de la Convention nationale, délégué à Saint-Domingue; Sonthonax qui brisa les fers des noirs, en proclamant la liberté générale, avant même que la Convention ne rendît son décret du 4 février 1794 sur la liberté générale. Or, Sonthonax, dans le préambule de sa proclamation du 29 août 1793, commençait ainsi: « Les *hommes naissent et demeurent libres et* « *égaux en droits.* » Et, après avoir dit qu'il est « envoyé par la « nation pour faire exécuter la loi du 4 avril, » — (loi dont Ogé eut demandé l'exécution), « pour la faire régner dans toute sa « force et y *préparer graduellement sans déchirement et sans se-* « *cousses l'affranchissement des esclaves*, » ce qu'Ogé voulait en 1789, lorsque, par des *mots timides et dubitatifs sur la liberté*, il disait aux colons du club Massiac: « *La liberté est-elle faite pour tous* « *les hommes? Je le crois. Faut-il la donner à tous les hommes? Je le crois encore.* » Sonthonax arrive enfin, par cette transition habilement ménagée, à invoquer la mort d'Ogé, parce qu'en effet l'assassinat d'Ogé se rattache à la liberté des noirs, en ce sens que cet *assassinat légal* a hâté l'heure de la délivrance. Ogé, par son entreprise téméraire, avait porté atteinte au système colonial; toute atteinte au système colonial qui fait brèche aux préjugés de couleur est un acheminement à l'émancipation générale. Il faut avoir fait « divorce avec la raison, » pour ne pas comprendre ainsi les choses.

« Les *juges* du malheureux Ogé, poursuit Sonthonax, les créa-

« tures et les *membres de ces infâmes cours prévôtales* qui avaient « rempli les villes *de gibets* et *de roues*, pour sacrifier à leurs pré- « tentions atroces *les Africains et les hommes de couleur*, tous ces « *hommes de sang* peuplaient encore la colonie. Si, par la plus « grande des imprudences, nous eussions, à cette époque, rompu « les *liens qui enchaînaient les esclaves* à leurs maîtres, sans « doute leur premier mouvement eût été de se jeter sur *leurs* « *bourreaux*; et, dans leur très-juste fureur, ils eussent aisément « confondu l'innocent avec le coupable. Nos *pouvoirs*, d'ailleurs, « ne *s'étendaient pas jusqu'à prononcer sur le sort des Africains*, « et nous eussions été parjures et criminels si la loi eût été violée « par nous. »

Voilà, M. Schœlcher, les paroles d'un homme de bien, qui réhabilitent la mémoire du malheureux Ogé, dont vous avez cru devoir, par je ne sais quelle déférence pour vos « hôtes bons et généreux » des colonies françaises, attaquer sans ménagement la mémoire après un demi-siècle, sous prétexte de *philanthropie*. Vous connaissiez cette opinion de Sonthonax, puisque vous citez les *Débats* dans votre livre. Eh bien! pourquoi, en historien fidèle, impartial, n'avoir pas fait connaître l'opinion des amis des noirs et d'Ogé, et l'opinion de leurs adversaires, et laisser *aux jeunes élèves haïtiens* de M. Faubert, qui *demanderont la vérité à l'histoire*, le soin de la trouver, en jugeant les faits sur ces deux opinions? Pourquoi vous, vous disant *philanthrope*, *négrophile*, vous *affublez*-vous de l'opinion toute faite des ennemis des noirs et des mulâtres? N'est-il pas à craindre que de jeunes Haïtiens, ne jugeant votre histoire que sur votre titre, comme cela est arrivé déjà, ne vous croient sur parole, ne vous fassent visite pour vous complimenter, et ne vous consacrent des « articles plus élogieux que vous n'osez croire le mériter? »

Quant à cette erreur d'Ogé, d'avoir attaché, en 1790, plus d'importance à une croix que cela ne vaut, c'est une faiblesse que ce malheureux partageait avec bien des gens, et dont il eût trouvé encore des imitateurs; car, malgré le préjugé qui s'attache de nos jours à ces distinctions extérieures; malgré les plaisanteries du *Charivari*, du *Corsaire* et de la *Caricature*, peu de personnes encore, à l'heure qu'il est, après avoir beaucoup ri des charges de ces spirituels journaux, consentent à..... refuser la croix lorsqu'on la leur donne. Je sais des amis de M. Schœlcher qui naguère en ont été affublés, et l'ont reçue en pleurant.... de joie—sur un chemin de fer! —En définitive, qu'est-ce que tout cela prouve? Ogé avait-il tort ou raison, en 1790, de partager un préjugé qui domine encore aujourd'hui nos plus fortes têtes d'Europe, lui, *paria* des Antilles?

Peut-être Ogé, en s'*affublant* de ces décorations extérieures d'*uniforme brodé* et de *croix de Limbourg*, appréciait-il intrinsèquement et moralement la valeur de ces brimborions. Mais, ayant à agir sur des masses, n'aurait-il pas voulu, peut-être, éblouir, frapper les sens? On ne guérit pas facilement les hommes de leurs préjugés. Quel grand tort à Ogé d'avoir recouru, en 1790, pour détruire les préjugés, à l'emploi des moyens indiqués par M. Schœlcher en 1839 pour les extirper (1)!

Au surplus, et sans discuter avec M. Schœlcher et les colons qu'il a consultés, sur le droit qu'avait Ogé de se qualifier colonel des troupes de Saint-Domingue ; qu'il eût ou non reçu ce grade de La Luzerne, ministre de la marine, et la décoration de Limbourg ne la chancellerie de ce prince allemand ; qu'Ogé fût colonel ou don, du moment qu'il tirait l'épée du fourreau pour se mettre à la tête des hommes et les commander, il lui fallait un signe extérieur quelconque qui le distinguât et imposât à ses tronpes ; or, un uniforme impose toujours.

Mais allons plus loin ; car M. Schœlcher ne tarit pas sur ce pauvre Ogé. Il veut le dégrader aux yeux des Haïtiens ses frères, et il ne s'arrête pas en si beau chemin. Copions encore M. Schœlcher :

« Ogé ne combattait pas pour les esclaves, il combattait pour « les franchises politiques contestées à sa race ; *il combattait pour « son orgueil froissé*, mais non pas pour la liberté ! Il réclamait « l'exécution du décret du 8 mars 1790, qui accordait les droits « électoraux à toutes personnes libres. Il s'en expliqua très-clai-

(1) Voyez *Abolition de l'Esclavage*, *examen critique du préjugé contre la couleur des Africains*, par V. Schœlcher.

« rement par une lettre du 25 octobre, qu'il écrivit à M. Pégnier, « gouverneur. Il fut une des premières victimes de la lutte que « soutint la caste de couleur contre les blancs, mais non pas de « l'*indépendance générale, à laquelle il ne songea jamais*, et dont il « est *incontestablement avéré qu'il resta l'ennemi*. La preuve n'en « est par malheur que trop facile à donner. Dans une seconde « lettre du 29 octobre, adressée à l'assemblée provinciale du Nord, « en forme de déclaration de guerre, tout le monde peut lire ce « *honteux passage* :

« Apprenez à apprécier le mérite d'un homme dont l'intention « est pure. Lorsque j'ai sollicité à l'Assemblée nationale un dé- « cret que j'ai obtenu en faveur des colons américains, connus « anciennement sous l'épithète *injurieuse* de sang-mêlé, *je n'ai « point compris dans mes réclamations le sort des nègres qui vi- « vaient dans l'esclavage*; vous et mes adversaires, vous empoi- « sonnez mes démarches pour me faire démériter des habitants « honnêtes. Non, non, Messieurs, *nous n'avons réclamé que pour « une classe d'hommes libres* qui étaient sous le joug de l'oppres- « sion depuis deux siècles. Nous voulons l'exécution du décret « du 28 mars. »

Voilà un réquisitoire en forme parfaitement libellé; et pourtant M. Schœlcher n'est pas procureur du roi, ni accusateur public, comme il voudra, le nom ne fait rien à la chose, Eh bien! ni moi non plus, je ne suis ni avocat ni défenseur public, et cependant je vais y répondre. Oui! c'est un tort, sans doute, de n'avoir pas appelé à la révolte tous les esclaves en les conviant à briser leurs chaînes. Mais la mémoire d'Ogé ne doit pas être tachée. Que demandait Ogé? l'exécution d'un décret de l'Assemblée nationale, décret qui accordait aux hommes libres de toutes couleurs l'exercice des droits politiques; décret éludé à Saint-Domingue comme dans toutes les colonies françaises, et notamment à la Martinique, où il reçut le baptême de sang par l'assassinat et l'égorgement, le massacre et la pendaison des mulâtres de Saint-Pierre, dans la journée du 3 juin 1790. Par qui, à quel jour et à quelle heure, était commises ces saturnales d'iniquités? Par qui?... Par les aïeux de ces « hôtes bons et généreux » de M. Schœlcher! A quel jour et à quelle heure?... En ce jour de fête où la piété des fidèles élève des trônes à la Divinité, où les murs de la cité décorés de riches tapisseries, sont ornés de rameaux et de lauriers ; en ce jour où les rues pavoisées des drapeaux de toutes les nations, en signe de paix, les pavés sablés et parsemés de fleurs, les airs retentissent des sons d'une brillante musique se mêlant aux chants religieux adressés à la louange de Dieu. C'est à cette fête du Tout-Puissant, au moment même où le pasteur répand la bénédiction sur ses ouailles, que les bourreaux, épiant leurs victimes, fondent sur elles, les arrachent des reposoirs aux pieds desquels elles sont prosternées, et les égorgent sans pitié (1) ! ! !

Mais laissons là la Martinique.

Ogé, à Saint-Domingue, s'appuyait du texte d'un décret de l'Assemblée nationale non exécuté pour combattre les ennemis et les bourreaux de ses frères ; Ogé s'appuyait de la légalité de ce décret méconnu par eux pour en faire justice. Ogé pensait avec les hommes les plus éminents, les plus avancés de l'époque, avec la Société des Amis des noirs, avec l'Assemblée nationale, qu'il fallait commencer par rendre aux hommes de couleur les franchises politiques contestées aux colonies, quoiqu'elles fussent reconnues par Louis XIV. Et ce n'était pas seulement envers les mulâtres que ces franchises étaient reconnues, mais envers tous les *hommes libres noirs, ou jaunes*. Les esclaves seuls ne devaient pas jouir des bienfaits de ce décret ; mais « *les comités de l'Assemblée* « *nationale méditaient les moyens de couper les dernières racines à* « *l'esclavage* (2). »

(1) « Pierre Navet, mulâtre libre, venait de décorer un de ces autels ; il tenait « son enfant dans ses bras, il l'ornait des fleurs de la fête. Un groupe de furieux « l'aperçoit, le saisit, le couvre de blessures, lui arrache l'objet intéressant de « sa tendresse paternelle qu'il foule aux pieds, serre le cou du père du lien « funeste, l'attache au bras qui suspendait un réverbère, le soulève avec la « baïonnette ; le lien casse sous l'effort, et mille coups de fusil terminent ses « jours et son supplice. — On a vu sur un enfant, échappé de quelques mains « barbares, les traces encore sanglantes d'une tentative atroce, outrageante à « la nature, par laquelle une fureur froidement réfléchie avait voulu porter, « jusque dans l'avenir, les effets de la haine, de la vengeance, de la proscrip- « tion, de l'extinction jurée contre son espèce. » (Voyez *Récit des assassinats du 3 juin*, par un colon.) — Le maire de la ville, dans cette triste journée du 3 juin, était M. de Thomaseau, second mari de madame veuve Perrinelle Dumay, grand'mère de M. A. Perrinelle, l'ami de M. Schœlcher.

(2) Pastoret, à l'Assemblée nationale.

Ogé, qui avait passé quelques années en France; Ogé, qui avait concouru, avec son compatriote Julien Raymond et d'autres hommes de couleur, à faire reconnaître les droits de ses frères; Ogé savait ce que pensait le gouvernement de la métropole; ce que voulait la Société des Amis des noirs, dont les illustres membres avaient pour lui estime et amitié. C'était en s'appuyant sur un acte du gouvernement et de l'Assemblée nationale, qu'Ogé levait l'étendard de la France, contre l'autorité coloniale et les préjugés des colons. C'est ainsi, du reste, que commencent et se font toutes les révolutions. Ogé ne pouvait ni ne devait arborer d'autre drapeau. En 1790, l'assemblée nationale ne voulait pas abolir l'esclavage *de plano*, mais en préparer les moyens. La preuve, c'est qu'elle ne l'a pas aboli, et que ce grand acte de réparation chrétienne fut l'œuvre de la Convention. Ogé marchait avec son siècle; il acceptait provisoirement le décret de l'Assemblée nationale, comme il eût accepté le décret de la Convention qui a aboli l'esclavage. — Et M. Schœlcher, qui n'aime pas plus qu'un autre qu'on suspecte ses intentions, se hasarde un peu trop, ce me semble, lorsqu'il affirme qu'*Ogé resta l'ennemi incontestablement avéré de l'affranchissement des noirs*. — La preuve pour moi que M. Schœlcher est l'historien le moins renseigné qui se soit vu, c'est le ton tranchant avec lequel il parle des faits et des hommes sans reporter ces faits aux époques où ils eurent lieu, et ces hommes aux époques où ils vécurent.

J'ai cité tout à l'heure une opinion de Sonthonax en faveur d'Ogé. En voici encore une autre que M. Schœlcher ne connaît probablement pas, car il n'eût pas manqué dans son *histoire* sur Haïti de dire, comme Page et Brulley *aux Débats*, « que Son-« thonax, qui a aboli l'esclavage avant que la Convention ne ren-« dît son décret, était l'*ennemi incontestablement avéré de l'af-« franchissement*. » Cette opinion est extraite de la proclamation des commissaires civils délégués à Saint-Domingue par la Convention. Ces commissaires, à leur arrivée dans la colonie, tenaient le langage suivant dans leur proclamation :

« Nous déclarons qu'aux *assemblées nationales seules* constitu-« tionnellement formées appartient le droit de prononcer sur le « sort des esclaves.

« Nous déclarons que l'*esclavage est nécessaire* à la culture et « à la propriété des colonies, et qu'il n'est ni dans les principes, « ni dans la volonté de l'*Assemblée nationale* de toucher, à cet « égard, aux prérogatives des colons.

« Nous déclarons que nous ne reconnaîtrons pour *amis* de la « France, que ceux qui le seront de sa constitution, sauf les mo- « difications que commandent l'esclavage et les localités : tels « sont nos principes, telle est notre profession de foi ; que le « jour où nous en changerons soit le dernier de notre vie.

« Et s'il était possible que *l'Assemblée nationale égarée* pût se « porter à oublier les prérogatives des habitants de Saint-Do- « mingue et à détruire, dans le régime colonial, le germe de sa « prospérité, nous déclarons que nous ne nous rendrons jamais « les exécuteurs d'une pareille injustice ; nous déclarons que « nous nous y opposerons de toutes nos forces ; nous en faisons « le serment solennel. »

Cette proclamation date du 4 décembre 1792, deux ans après l'assassinat d'Ogé. Ce n'est pas tout ; pour corroborer cette opinion très-claire, très-positive des commissaires, je vais transcrire ici le passage d'une lettre qu'ils adressaient à la Convention nationale :

« On nous avait représentés comme venant proclamer *l'affran- « chissement général des esclaves*. Notre profession de foi, à cet « égard, fit changer *l'objet des calomnies*. Des gens, payés par le « gouvernement pour détruire la confiance que nous inspirions, « vinrent insinuer aux citoyens de couleur que nous ne voulions « pas l'exécution de la loi du 4 avril. »

Voilà certainement des pièces irrécusables qui témoignent en faveur d'Ogé ; que l'heure de la liberté n'avait sonné que pour que cette liberté fût effectuée graduellement. Eh bien ! que M. Schœlcher comprenne donc l'histoire, puisqu'il est *historien*. Toutes ses déclarations n'ont pas empêché que, huit mois après, le 25 août 1793, Sonthonax proclamait l'affranchissement général des esclaves, et que, le 4 septembre de la même année, Polverel et Sonthonax distribuaient aux affranchis noirs les terres des colons blancs, planteurs émigrés, maîtres de ces esclaves affranchis. Le temps avait marché et les commissaires aussi.

A la décharge de la mémoire d'Ogé, si cruellement chargée par l'acte d'accusation de M. Schœlcher, je produis un autre document historique, qui n'est pas écrit avec la passion d'un accusateur ou d'un historien ignorant, car c'est l'œuvre de Roume, commissaire civil, délégué à Saint-Domingue, de Roume adressant son rapport à la Convention nationale le 28 janvier 1793 :

« Les noirs de Saint-Domingue, dit-il, ne se sont jamais sou-« levés de leur propre mouvement ; la preuve en est qu'ils au-« raient demandé d'abord *une liberté absolue* : car, quel autre « motif peut porter des esclaves à courir les hasards d'une ré-« volte ? Mais aucun n'a eu cette prétention dans l'origine.

« Les révoltés du nord, *sous les ordres des esclaves* Jean-Fran-« çois et Biassou, *demandaient le rétablissement de la monarchie* « dans ses anciens droits. Jean-François, Biassou et les révoltés, « au nombre de dix mille hommes armés et d'environ cin-« quante mille travailleurs, *voulaient* se rendre à mes deux col-« lègues et à moi, et le jour avait été fixé au 1er janvier 1792. « Ils ne demandaient que CINQUANTE LIBERTÉS *pour les chefs de* « *l'armée*, n'attendaient qu'un pardon général, et trouvaient, « dans l'acceptation de la constitution, le rétablissement de la mo-« narchie pour lequel il s'étaient armés (1) : leur bonne foi n'é-« tait point équivoque, puisqu'ils nous remirent des prisonniers « gardés jusqu'alors comme des espèces d'otages, et que Jean-« François proposa de se livrer lui-même à nous dans la ville du « Cap.. »

Cette pièce serait de nature à faire changer d'avis tout adversaire prévenu ; mais je n'augure pas si favorablement de l'accusateur systématique d'Ogé. Il est des hommes sur l'esprit desquels l'évidence ne fait, ne change rien.

Toutefois, le lecteur impartial, l'historien sérieux, l'adversaire même de bonne foi de la cause des noirs, reconnaîtront l'injustice de M. Schœlcher envers ce malheureux Ogé, et ils apprécieront comme moi son jugement et sa portée d'esprit, comme historien et comme abolitioniste.

(1) Je produirai plus tard la lettre même écrite par les chefs noirs à l'assemblée coloniale.

Un seul mot encore, et j'aurai tout dit sur cette partie de l'acte d'accusation :

Dans les trois journées de juillet 1830, on a fait la révolution aux cris de *vive la Charte!* que personne ne voulait. Une fois le pouvoir abattu, on a pensé alors à une Charte, et M. Bérard, député, qui en avait une toute *bâclée*, la présenta, et elle fut acceptée, faute de mieux, sous le nom de Charte-*vérité*. — C'est ainsi en révolution : il faut aller vite pour n'être pas débordé. Il arriva que, dans cette nouvelle Charte, on ne disait rien des colonies; l'ancien art. 72, devenu 64, n'était pas modifié, et personne n'y avait pensé. C'était toujours le régime des ordonnances et des règlements maintenu pour les colonies. Un mulâtre, qui est aussi bon abolitioniste que M. Schœlcher, qui est plus négrophile que lui, parce que ses bisaïeules étaient des négresses de la Martinique, alla souffler quelques mots aux oreilles de MM. de Lafayette, B. Constant, Salverte, de Laborde, Laîné de Villevêque, de Tracy et Dupin, de M. Dupin, rapporteur de la Charte, et provoquer la révision de cet article 64. Le régime des ordonnances et règlements disparut. On ne fit pas, il est vrai, tout ce qu'eût désiré le souffleur, mais il s'en est contenté. Et si de cet acquiescement on allait conclurecontre lui, comme contre Ogé, prétendant qu'il n'a pas demandé l'abolition de l'esclavage des noirs, qu'il a réclamé les franchises politiques uniquement pour les mulâtres; il répondra que l'abolition de l'esclavage est dans la Charte, et qu'il fallait bien prendre les hommes, avec les circonstances, comme ils étaient. En 1830, la Chambre des Députés ne déclarait pas, dans la Charte, d'une manière explicite, l'abolition de l'esclavage; mais elle se la réservait, comme elle se l'est réservée dans la loi du 24 avril 1833, loi qu'elle n'eût pas votée avec l'art. 72 de la Charte de 1814. Les hommes de couleur ont donc accepté l'article 64 de la Charte de 1830 avec la loi d'avril 1833. Depuis, *des* hommes de couleur ont plus fait, ils ont accepté pour abolitioniste.... qui?.... M. Schœlcher, bien que M. Schœlcher ait écrit ceci en 1830, dans la ***Revue de Paris*** :

« Loin de nous la pensée de bouleverser le monde, de com-
« promettre les intérêts et la vie de tant de colons attachés à
« l'esclavage. Ceux qui ***veulent l'émancipation*** des noirs actuelle

« et spontanée, parlent et agissent dans un esprit d'humanité « très-honorable sans doute ; mais, soit *ignorance*, soit entraîne- « ment, ils ne tiennent pas compte d'une circonstance qui pré- « sente à l'affranchissement immédiat des difficultés insurmon- « tables ; cette circonstance, c'est l'état moral de nos *protégés*. « *Que faire de nègres affranchis* ? Pour quiconque *les a vus de* « *près*, cette question est *impossible* à résoudre. Les nègres sortis « des mains de leurs maîtres avec l'ignorance et tous les vices « de l'esclavage *ne seraient bons à rien*, ni pour *la société*, *ni* « *pour eux-mêmes*, parce que telle est la *paresse* et l'imprévoyance « qu'ils ont contractée dans leur bagne, où ils n'ont jamais à « penser à l'avenir, qu'ils *mourraient peut-être de faim* plutôt que « de louer la force de leurs corps ou leur industrie. *Je ne vois* « *pas plus avec personne la nécessité* D'INFESTER *la société* actuelle, « déjà *assez mauvaise*, de plusieurs *milliers de brutes* décorées « du titre de citoyens, qui ne seraient, en définitive, *qu'une vaste* « *pépinière de mendiants et de prolétaires*. Quant à cela, *laissons* « *faire le grand maître*. LA MORT ! et les affranchissements suc- « cessifs feront disparaître peu à peu les restes de l'esclavage ; « mais la seule chose dont on doive s'occuper aujourd'hui, c'est « d'en tarir la source en mettant fin à la traite. Envisager la « question *autrement, c'est faire du sentiment en pure perte*. »

Voilà, M. Schœlcher, le mot qui complète la réfutation de cette partie de votre acte d'accusation.

Passons à un autre grief :

« On ne condamna pas Ogé pour avoir formé le projet de sou- « lever les esclaves, et certes, comme le fait observer Garran, « un pareil chef d'accusation n'aurait point été oublié par ses « juges, s'il y eût eu des indices. « Ogé eut même la faiblesse de « demander un sursis, le matin de l'exécution, en représentant « qu'il pouvait rendre les plus grands services, et que sa mort « occasionnerait les plus grands malheurs. *On refusa dédaigneu-* « *sement de l'écouter* (1). »

(1) M. Schœlcher paraît avoir emprunté cette phrase de Malenfant ; mais la phrase de Malenfant n'est pas malveillante pour Ogé. La voici : « Le matin du « jour de l'exécution, M. V. Ogé demanda un sursis. On ne voulut point « l'écouter. La barbarie dont on usa envers lui souleva tous les mulâtres des

J'abandonne ces lignes froidement écrites par ***l'historien philanthrope***, pour peindre le dernier moment du supplice d'Ogé ; j'abandonne ces lignes à la méditation de tous les cœurs généreux, sensibles ; aux hommes bons et humains, abstraction faite des sympathies d'opinions ou de caste. Qu'ils prononcent ! qu'ils disent hautement si, en présence de cette indifférence affectée, compassée, pour la victime que le bourreau traîne à l'échafaud, ils n'éprouvent pas un sentiment de pitié, de charité, de charité chrétienne !.... Eh ! moi aussi, M. Schœlcher, je fus condamné par vos amis, par vos hôtes de la Martinique, et parmi les juges..... que dis-je !.... parmi les BOURREAUX, je comptais MM. PERRINELLE PÈRE ET FILS ! Moi aussi, comme l'infortuné Ogé, je réclamais au nom de la loi un sursis, un sursis légal, parce que la cour régulatrice n'avait pas prononcé, pas plus que l'ancien conseil du roi ne l'avait fait sur l'assassinat juridique de cet infortuné ! « *On refusa* aussi ***dédaigneusement de m'écouter.*** » Mais moins malheureux qu'Ogé, ce martyr de la liberté, je ne subis point le supplice de la roue ; je ne fus que traîné à l'échafaud, aux applaudissements de vos hôtes généreux, et là, je FUS MARQUÉ D'UN FER ROUGE PAR LA MAIN DU BOURREAU ! ! !...., Deux années après cette exécution anticipée, au mépris d'un pourvoi, la cour de cassation mettait au NÉANT cet arrêt infâme !

Mais cette marque, cette marque restera éternellement gravée sur le front de vos amis comme le signe de leur ignominie ! Et elle n'en contribuera pas moins à l'abolition de l'esclavage de mes frères noirs !

Ayons le courage d'assister jusqu'à la fin au supplice du malheureux Ogé. Voyons M. Schœlcher lui porter le dernier coup, le coup de grâce !

« Tel est l'homme, dit ***l'historien philanthrope, que les mulâtres***
« proclament, à Saint-Domingue, comme l'un des ***premiers mar-***
« ***tyrs de la liberté haïtienne.*** Tel est le ***héros*** dont ils ***osent*** dire
« avec une ***obscure duplicité*** : « Ce que lui et les autres hommes
« de couleur réclamaient alors en France et à Saint-Domingue,
« c'était pour parvenir à cette liberté générale que nos armées

« provinces de l'Ouest et du Sud. » (*Des colonies, et particulièrement de Saint-Domingue*, page 5). — Malenfant est un ancien colon.

« ont conquise. » *Cet homme*, poursuit M. Schœlcher, *cet homme* « que nous plaignons moins parce qu'il ne plaignait pas les nè- « gres, ne périt peut-être dans son entreprise que pour n'avoir « point voulu de nègres à ses côtés, indiquant bien par là « qu'il séparait et voulait séparer sa cause de celle des esclaves. « Nous ne sommes pas les premiers, continue M. Schœlcher, à « juger Ogé comme il doit être. Juste Chanlatte, général mu- « lâtre attaché au service du roi Christophe, a dit: « Ogé, soit « qu'il eût été déjà séduit par de perfides conseils, soit qu'il « portât dans son cœur l'affreux projet de séparer sa cause de « celle de sa souche primitive, ne voulut appeler autour de lui « que des hommes libres. S'il fallait une *autorité* de plus, nous cite- « rions encore une pièce du temps qui établit, d'une manière irré- « fragable, que nous voyons l'entreprise d'Ogé et des siens sous « son véritable jour. Gatereau, *créole propriétaire*, dans une bro- « chure publiée à Philadelphie en juin 1796, où il ne montre de « partialité que pour la classe de couleur, s'exprime ainsi en « parlant de la révolte du 25 août 1791 : « La peur commande « la justice; on cessa de poursuivre les hommes de couleur, « *pour combattre les noirs insurgés*. On les arma. » — « Le co- « lonel Malenfant rapporte la même chose : « Les mulâtres, « malgré la haine qu'ils avaient contre les blancs, depuis la mort « d'Ogé, sollicitèrent la permission d'aller combattre les esclaves. « On la leur accorda; on les arma, et ils se joignirent aux « colons. »

Tout ce qui précède réfute d'une manière victorieuse cette partie du paragraphe où Ogé est représenté comme l'ennemi des noirs esclaves. Je n'y reviendrai donc plus; mais M. Schœlcher a perdu le droit de plaindre Ogé, *cet homme*. L'insistance que l'écrivain *philanthrope* a mise à poursuivre *cet homme* jusque sur la roue, où il expira, le dispense d'expliquer le motif pour lequel il ne le plaint pas. Mais, *ô philanthrope!* souffrez et permettez, au nom de Dieu, qu'au moins les Haïtiens, qui n'ont pas comme vous le même motif de répulsion pour leur frère infortuné, le regrettent, le pleurent, et en fassent même, s'il leur plaît, un Hidalgo ou un Allende, puisque vous paraissez résolu, comme Page, Brulley et consorts, à ne point concéder aux

Haïtiens, qu'Ogé, mort sur la roue, soit un des premiers *martyrs de la liberté haïtienne!*

Les frères de *cet homme* ont, pour se consoler de l'indifférence de l'écrivain *philanthrope*, les regrets qu'un sincère ami des noirs a emporté avec lui jusque dans la tombe. Cet ami, c'est Grégoire, dont nous devons d'autant plus répéter le nom, en honorant sa mémoire, que M. Schœlcher ne le cite pas une seule fois dans son gros volume. Grégoire, en s'adressant aux hommes de couleur, s'est exprimé dans les termes suivants à propos de la mort d'Ogé :

« Il vous sera permis de verser des pleurs sur les cendres de « cet infortuné Ogé, *légalement assassiné*, et mourant sur la roue « pour avoir voulu être libre ; vos persécuteurs seront livrés à « leurs remords et couverts d'un éternel opprobre ; et, l'exécra- « tion contemporaine devancera à leur égard l'exécration de la « postérité ! »

Cette malédiction prononcée par un homme religieux, par un saint homme, produisit son effet ; et Grégoire put lire, dans la même année qu'il lançait son anathême, ses paroles répétées dans un des articles du concordat passé entre les hommes de couleur et les blancs de Saint-Domingue.

Cet article est ainsi conçu :

« Se réservant les citoyens de couleur de faire, dans un autre « moment, et envers qui il appartiendra, toutes protestations et « réclamations relatives aux jugements prononcés contre les « sieurs Ogé, Chavannes et autres, compris dans lesdits juge- « ments, regardant, *dès à présent*, les arrêts prononcés contre « lesdits sieurs, par le conseil supérieur du Cap, comme *infâmes* « *et dignes d'être voués à l'exécration contemporaine et future*, et « comme la cause fatale de tous les malheurs qui affligent la pro- « vince du Nord...... (1) »

Les colons ont écrit en marge de ce traité : « ACCEPTÉ en ce « qui nous concerne. » C'est le remords prédit par Grégoire, et l'exécration contemporaine annoncée par lui, qui devançait l'exécration de la postérité.

(1) *Archives du Royaume.* **Saint-Domingue, pièces n° 5, v. 3, C. N. p. 25.**

Santhonax, en parlant de la fin tragique d'Ogé et de ses héroïques amis, a dit : « Il expia sur l'échafaud le crime de l'Assemblée constituante et de toute la nation française, le crime d'avoir réclamé les droits de l'homme contre ses tyrans. »

Mais tous ces témoignages ne font rien à l'*historien philantrophe*. A l'appui de son opinion, il va appeler trois autorités qu'il citera afin de prouver qu'il a vu « l'entreprise d'Ogé et des siens sous son véritable jour. » La première autorité invoquée est le témoignage de Juste Chanlatte, général mulâtre, au service du roi Christophe. Hélas ! faut-il dire à M. Schœlcher que ce malheureux général, dont on connaît la triste histoire, ne jouissait pas de sa raison, que, frappé d'aliénation mentale, il a été jusqu'à sa mort considéré comme une victime du roi Christophe. Que, lors même que cet état d'insanité ne serait pas un motif suffisant pour que M. Schœlcher renonçât à ce témoignage et n'en fît une autorité pour étayer son livre, les hommes raisonnables, les hommes de sens, comprendront que la position de Juste Chanlatte, général au service du roi Christophe, du roi Christophe que M. Schœlcher appelle le *Caligula noir*, ne lui permettait pas de s'exprimer sur Ogé autrement qu'il ne l'a fait.

Une remarque cependant sur l'opinion du général Chanlatte : Si ce général n'a pas écrit dans un de ses intervalles lucides, il faut convenir que néanmoins il a écrit avec plus de raison et plus de vérité historique que M. Schœlcher. Le général a dit : « Qu'*Ogé ne voulait appeler auprès de lui que des hommes libres.* » Ce qui implique également les *noirs* et les *mulâtres*, d'après le terme générique d'*hommes libres*. Tandis que M. Schœlcher, lui, dénature avec l'histoire le sens du mot de Chanlatte, pour avoir le prétexte de dire qu'il ne plaint pas Ogé, *parce qu'Ogé n'a point voulu de nègres à son côté*. Ce qui n'est pas juste, d'après la citation même de Chanlatte, invoquée par M. Schœlcher.

Avant de passer à la seconde autorité invoquée par M. Schœlcher, et de faire connaître ce que c'était que cette autorité, je vais intervertir l'ordre de ces citations, pour prendre en flagrant délit d'inexactitude l'*historien philanthrope*. — En reproduisant un passage de Malenfant, l'*historien négrophile* a supprimé arbitrairement tout ce qui pouvait être en opposition au système établi par lui sur sa prétendue *faction jaune* et son *parti noir.* *L'historien abolitioniste* fait dire à Malenfant : « Les mulâtres, « malgré la haine qu'ils avaient contre les blancs depuis la mort « d'Ogé, sollicitèrent la permission d'aller combattre les esclaves « insurgés. » — Voilà bien la phrase fidèlement copiée à la page 224 du livre de M. Schœlcher, et que M. Schœlcher affirme avoir lue et copiée dans le volume du colonel Malenfant. Eh bien, ce n'est pas ce qu'a dit le colonel Malenfant ; on le peut vérifier, du reste, si l'on veut apprécier la moralité de la citation. Or, voici ce qu'on lit à la page 11 de l'ouvrage de Malenfant sur Saint-Domingue :

« Malgré la haine que les mulâtres et les *nègres libres* conser-« vaient contre les blancs, depuis la mort d'Ogé, l'*incendie du* « 25 *août* 1791 *les fit gémir des malheurs causés par la révolte des* « *esclaves.* Ils sollicitèrent la permission d'aller les combattre. » — Et plus bas, Malenfant ajoute : « *Les révoltés demandèrent à* « *reprendre leurs travaux à condition qu'on leur ferait grâce.* »

Comme je cite textuellement les passages tronqués par M. Schœlcher, M. Schœlcher expliquera peut-être si c'est lui ou son prote, cette fois, qui a supprimé les mots *nègres libres*, et ceux-ci : *l'incendie les fit gémir des malheurs causés par la révolte des esclaves.* — Evidemment tous ceux qui liront le livre de M. Schœlcher, et qui ne connaissent pas l'histoire de la révolution de Saint-Domingue, ne se donneront pas la peine de vérifier si les citations de l'*abolitioniste* sont exactes ; on le croira sur parole, et pourtant voyez comme ils seront induits en erreur.

Oui, *les mulâtres et les noirs libres* gémissaient des malheurs causés par la révolte et par l'incendie ; oui, ils sollicitaient la permission de combattre pour arrêter ces malheurs ; mais en même temps voici ce que faisaient *ces noirs et ces mulâtres libres ;* c'est Malenfant qui le dit encore quelques lignes plus loin (1) :

« Dans cet intervalle (l'intervalle de la sollicitation d'aller « combattre), un musicien nommé Pistolet, *nègre*, eut dispute « avec un canonnier : celui-ci tira son sabre, le nègre le désarma ;

(1) *Des Colonies et particulièrement de Saint-Domingue*, page 13.

« les patriotes, indignés de cette action, s'emparent de ce noir, « qui était de l'armée des mulâtres, le font juger *subitò* et le « pendent au réverbère de la municipalité. Les mulâtres, *irrités*, « rencontrent un canonnier nommé Cadeau : cinq font feu sur « lui. A l'instant on bat la générale, on court aux armes, on « marche contre les mulâtres. »

Dans ce rapprochement des faits, le rôle des mulâtres est parfaitement défini par le colonel Malenfant. Ils combattent l'incendie en même temps qu'ils combattent ceux qui assassinent les esclaves.

Tout ceci prouve que les mulâtres et *les nègres libres* seuls avaient raison, seuls ils voulaient sauver le pays des incendies et des assassinats ; car ils voulaient, avec l'Assemblée nationale, avec les amis de la Révolution, avec les philanthropes, les amis des noirs, arriver à la liberté, à l'égalité, sans incendies, sans les malheurs qu'entraîne avec elle la guerre civile. *Les nègres et les mulâtres libres*, bien que les choses aient tourné contre leurs vœux, contre leurs efforts, n'en étaient pas moins dans le vrai. La liberté, l'égalité peuvent s'obtenir sans déchirements, sans secousses, sans que l'humanité ait enfin à en gémir.

Comme les mêmes faits peuvent se reproduire dans nos possessions à esclaves, la conduite des mulâtres et des nègres libres des colonies françaises, le cas échéant, devra être celle de leurs frères de l'ancienne Saint-Domingue. Ils devront tout faire pour prévenir les révolutions sanglantes, pour préserver leur pays des horreurs de la guerre civile, des incendies et des malheurs inséparables de la guerre, tout en réclamant, en provoquant énergiquement l'affranchissement, la liberté, l'égalité, en faveur de leurs frères esclaves. Et si, contre leurs vœux, leur ardent désir de sauver leur pays des catastrophes d'une révolution, des *bornes*, des forcenés ennemis de tout progrès et de toute liberté, osaient encore insolemment déclarer L'ABOLITION DE L'ESCLAVAGE IMPOSSIBLE, et jeter cette apostrophe à la France, nul doute, je n'hésite pas à le dire, nul doute, le parti *des mulâtres et des nègres libres* ne devra pas faire question : leur conduite est tracée ; les mêmes causes devant produire les mêmes effets, ils devront se ranger du côté de leurs frères esclaves, car il n'est pas de puissance humaine assez forte pour tenir éternellement des hommes dans l'esclavage.

Maintenant l'autre autorité invoquée par M. Schœlcher à l'appui du même fait, c'est le témoignage de Gatereau, créole propriétaire, qui, d'après M. Schœlcher, ne montre de partialité que pour la « classe de couleur. » Excusez. — M. Schœlcher a une manière singulière de voir les choses, qui, Dieu merci pour l'humanité, n'est pas celle de tout le monde. Comme j'ai lu quelques écrits de Gatereau, précisément les brochures publiées à Philadelphie par cet écrivain, *j'oserai* ne pas être de l'avis de M. Schœlcher sur ce colon, et je prendrai la liberté de repousser le témoignage d'une telle autorité. Voici, du reste, l'opinion de Garran-Coulon sur Gatereau ; on jugera après cela ce que l'on doit penser des écrits de M. Schœlcher, qui n'ont d'autre mérite historique que celui d'être conforme aux *histoires*, *contes*, *puffs* et *sornettes* publiés par les colons sur Haïti et sur les colonies françaises. Garran, en parlant des colons de Saint-Domingue réfugiés aux États-Unis, s'exprime en ces termes sur le compte de Gatereau :

« Un d'entre eux, réfugié dans la Caroline du sud, ne trouvait « rien de bon dans les institutions de cet Etat, que les *lois* op- « pressives qui avaient été rendues sur les nègres et les hommes « de couleur. Les colons établirent des journaux pour dénigrer la révolution. Celui qui s'imprimait à Philadelphie était rédigé « par ce Gatereau du Cap, qui avait été alternativement déporté « par le parti des *quatre-vingt-cinq* et par les commissaires civils, « parce qu'il avait été extrême dans tous les partis comme Tanguy « Laboissière. Il n'est peut-être pas un numéro qui ne con- « tienne les *diatribes les plus emportées et les plus odieuses* « *calomnies*, à toutes les époques, contre la République, la Con- « vention nationale, les armées françaises; pas un où les malheurs « publics que la révolution produisit trop souvent, et les excès « mêmes qui furent commis sous son nom, ne soient racontés « avec l'exaltation du triomphe, *l'exaspération la plus extrême* « *et l'immoralité la plus effrénée...... L'oubli de l'humanité est* « *poussé jusqu'à se jouer de ce qu'il y a de plus sacré au monde !* « *le malheur qui lutte avec courage jusqu'aux derniers moments* « *contre les coups du sort.* On y insultait surtout la partie de la « Convention opprimée sous la tyrannie de Robespierre, *parce*

« *que plusieurs de ses membres avaient combattu les préjugés colo-*
« *niaux*. Dans un compte rendu *de l'exécution de Brissot et de ses*
« *associés*, on ne rougit pas d'insulter à la constance qu'ils avaient
« témoigné dans cette terrible épreuve. « La *manie* de la discus-
« sion n'a quitté ces législateurs, y est-il dit, qu'à la guillotine :
« chemin faisant, *ils se sont disputés* sur l'immortalité de l'âme,
« et ils ont fini *par décréter à l'unanimité que l'âme était immor-*
« *telle*. » Dans d'autres numéros, on donnait le titre des ouvrages
« les plus féroces ou les plus odieux, sous le nom du philosophe
« Condorcet, de l'éloquent Vergniaud, du jeune Fonfrède, de son
« beau-frère, du non moins intéressant Ducos, de Pétion, Buzot,
« Guadet et leurs infortunés collègues. (1) »

Voilà l'auteur que M, Schœlcher a consulté, et dont il essaie la réhabilitation dans une note, à la page 224 de son livre sur Haïti. « Gatereau n'est point un calomniateur prenant le visage « d'un ami pour mieux trahir. Quoique blanc et colon, *il fut une* « *des premières victimes de la fureur des colons*. » — M. Schœlcher, pour disposer encore ses lecteurs en faveur de Gatereau, nous apprend que ce colon fut « jeté sans linge, sans argent et « sans livres sur un navire ; que le crime de Gatereau était d'avoir « fait publier le décret du 5 mai ! » Le pauvre homme ! — Et Ogé, *ne fut donc pas une des premières victimes de la fureur des colons* ? Quel était donc son crime ? Je ne veux rien dire de plus, le lecteur appréciera.

Pour terminer son réquisitoire sur le malheureux Ogé, M. Schœlcher conclut par ces mots :

« Il est inutile d'entrer, à ce sujet, dans aucun détail his-
« torique qui pourrait devenir *irritant ;* il nous suffit de *redres-*
« *ser des faits* dont nous n'aurions même pas parlé, si nous
« ne les avions *trouvés sciemment défigurés*. On ne nous démentira
« pas ; car les *hommes jaunes* d'Haïti, qui ne sont pas du tout res-
« ponsables des *crimes de leurs pères*, en savent là-dessus autant
« que nous. M. Faubert, en faisant sa pièce, a voulu aider une
« *histoire falsifiée* du pays, que l'on répand ici dans un intérêt de
« caste, et contre laquelle protestent en vain *quelques jeunes gens*

(1) *Rapport*, etc., etc.—Garran-Coulon, tome IV.

« *de couleur, loyalement inspirés par leur républicanisme.* De « même qu'elle donne Ogé pour *le premier martyr de l'indépen-* « *dance*, elle présente Alexandre Pétion comme *le fondateur de la* « *liberté Haïtienne.* »

M. Schœlcher y met beaucoup de générosité, il ne veut entrer dans aucun détail historique qui pourrait devenir *irritant*; il lui suffit de redresser des faits qu'il a trouvés *sciemment défigurés* par la *faction jaune*. M. Faubert a voulu aider une *histoire falsifiée* d'Haïti, que l'on répand dans un intérêt de caste, etc., etc.

M. Schœlcher aurait fait un très-habile procureur du roi, ou accusateur public, si les procès qu'il fait à sa requête étaient jugés à *huis-clos* et sans défense pour l'accusé ; à peu près comme dans l'affaire Ogé, Chavannes et autres, à Saint-Domingue, et comme dans d'autres procès politiques jugés aux colonies françaises, par les hôtes généreux de l'écrivain *philanthrope*.

J'ai eu occasion de redresser plus d'un fait, sciemment ou non, défigurés par l'*historien abolitioniste* : je vais avoir occasion, maintenant, d'opposer aux *détails historiques* qu'il a la générosité de garder en réserve pour ne pas *irriter*, des documents officiels et dignes de foi. En attendant, qu'il me soit permis de faire remarquer que, dans tout ce qu'écrit M. Schœlcher, soit sur Haïti, soit sur les colonies françaises, l'écrivain *abolitioniste* a toujours soin de faire ses complices *quelques jeunes gens de couleur*, auxquels il délivre, en sa qualité de *patron* et de *protecteur* de la race *jaune* et *noire*, tantôt un certificat de « *mulâtres* « *de bonne foi*, » tantôt un certificat de civisme, les déclarant « *gens loyalement inspirés par leur républicanisme*, et *irrespon-* « *sables des crimes de leurs pères.* » Il n'y a que les victimes, comme Ogé par exemple, et ceux qui se *permettent*, pour me servir de l'heureuse expression d'un *ami en abolition* de M. Schœlcher, ceux qui se *permettent* de n'être pas de son avis, et qui trouveraient ses livres parfaitement ridicules, s'ils n'étaient politiquement dangereux, et qui, à cause de cela, prennent la *permission* d'eux-mêmes de les réfuter, sans consulter M. tel et tel, il n'y a que ceux-là auxquels M. Schœlcher délivre une *cartouche jaune*.

Pour ces *mulâtres de bonne foi*, *ces gens loyalement inspirés par leur républicanisme*, pour ces frères égarés, s'il en existe vraiment, comme le dit M. Schœlcher, il n'y aurait pas pour eux de malédiction au monde, s'ils pouvaient persister dans leur coupable erreur; et ces énergiques paroles de notre Grégoire, que j'ai citées plus haut, à l'occasion de la condamnation d'Ogé, leur seraient applicables. Oui! « Ils devraient être déclarés « infâmes et dignes d'être voués à l'exécration contemporaine « et future! » car *leurs pères ne furent coupables d'aucun crime*, ainsi que le leur dit M. Schœlcher, et ils n'ont rien à expier.

En admettant même comme vrai, — ce qui est loin de là, — tout ce que leur débite M. Schœlcher sur l'histoire de Saint-Domingue, d'après les pamphlets des colons, la manière d'écrire cette histoire, les inductions, les conséquences qu'il en tire au point de vue de son jugement comme *historien* et comme écrivain *philanthrope* et *abolitioniste*, il n'y a pas de milieu entre ces deux propositions : ou il faut que ces *jeunes mulâtres de bonne foi*, et *ces quelques jeunes gens de couleur loyalement inspirés par leur républicanisme*, acceptent les faits historiques tels qu'ils ont été copiés par M. Schœlcher dans les pamphlets des bourreaux de leurs pères, de leurs frères, ou bien qu'ils acceptent les faits historiques tels que je les ai extraits des Mémoires des amis de la cause des noirs et des documents *officiels irrécusables*.

Voici, comme je l'ai promis, pour terminer sur l'infortuné Ogé, des pièces officielles et dignes de foi; elles sont d'un homme de bien, de Garran-Coulon, véritable ami des noirs, digne et honorable collègue de Grégoire à la Convention nationale :

« Un *quarteron* d'un caractère ardent, et qui peut-être n'était pas exempt d'ambition, Vincent Ogé, était parti de Saint-Domingue aux premières nouvelles de la révolution française, sous prétexte de suivre un procès que sa famille avait en conseil du roi. Mais la cause des hommes de couleur paraît l'avoir plus occupé que la sienne propre. Une de ses premières démarches en France fut de se présenter au club Massiac, pour y proposer les mesures qu'il croyait propres à faire prospérer la colonie. Il était bien éloigné de connaître les principes contre-révolutionnaires de ce club, qui n'était alors formé que depuis quinze jours. Ogé lui prêtait sans doute le même amour de la liberté qu'il avait vu chez presque tous les Français. Le *mémoire qu'il y lut honorerait le meilleur citoyen* par le patriotisme et l'utilité des vues qu'il y montrait. *Il ne s'y occupait point particulièrement des hommes de couleur*, dont il n'imaginait probablement pas encore qu'on pût contester les droits en France.

« L'accueil froid qu'il reçut de cette société, la réputation d'aristocratie qu'elle obtint si vite généralement, et surtout les obstacles qu'elle mit bientôt après à la reconnaissance des droits des hommes de couleur, ne tardèrent pas à lui ouvrir les yeux. Il dévoua dès lors tous ses moments à la défense de leurs intérêts. Presque toujours il fut, avec Julien Raimond, l'un des commissaires qu'ils nommèrent pour faire valoir leurs réclamations auprès de l'Assemblée nationale, par des adresses et des mémoires dont plusieurs furent publiés; mais plus ardent et moins éclairé que Raimond, il ne mettait pas la même prudence dans ses démarches, et ne savait pas comme lui supporter des injustices temporaires par l'espérance d'un succès que les progrès des lumières et de la révolution ne pouvaient pas manquer d'amener.

« Dès que les décrets du mois de mars 1790 eurent été rendus, il résolut de retourner à Saint-Domingue, partager avec les hommes de couleur la jouissance des droits qu'il se félicitait d'avoir contribué à faire reconnaître. Il y trouva beaucoup de difficultés. Le club Massiac avait trouvé le moyen d'engager les principaux négociants des villes maritimes à adopter ses vues; ceux-ci obtenaient des défenses de la municipalité, et gagnaient même les capitaines des vaisseaux marchands pour les empêcher de prendre sur leur bord aucun homme de couleur. Les registres de correspondance du club Massiac et ses procès-verbaux sont remplis des démarches qu'ils firent pour cet objet. On avait proposé au club Massiac un projet bien plus coupable encore, celui de faire arrêter Ogé sur le bâtiment où il s'embarquerait, et de le livrer à la ville du Cap, *preuve que cet infortuné était dévoué au supplice par les grands planteurs avant même d'être parti de France.*

« Ogé surmonta toutes ces difficultés ; au lieu de s'embarquer directement pour Saint-Domingue, il passa par l'Angleterre et les État-Unis. »

Voilà un aperçu de l'histoire d'Ogé qui est loin de ressembler à tout ce qu'a débité M. Schœlcher sur cet infortuné martyr de la liberté. — Garran parle de l'arrivée d'Ogé à Saint-Domingue et des événements qui ont précédé sa mort, à peu près dans les termes que je les ai racontés. Inutile donc de reproduire ces détails ; mais faisons connaître la condamnation du malheureux Ogé, et le texte même de l'arrêt qui l'envoya à l'échafaud.

ARRÊT.

« La Cour a déclaré et déclare ledit Vincent Ogé jeune, dûment atteint et convaincu d'avoir depuis longtemps prémédité le projet de *soulever les gens de couleur*, et notamment ceux du quartier de la Grande-Rivière, par ses discours, fausses qualifications et décorations extérieures ; *d'avoir ordonné et été le principal chef et auteur du désarmement des habitants de la Grande-Rivière*, des vols, faits à main armée, de leurs armes, munitions, chevaux et autres effets, *et de l'insurrection et révolte dans laquelle se sont commis divers vols avec effraction, violences, meurtres et assassinats ;* d'avoir conduit et commandé en chef au Dondon une *bande* d'environ quatre-vingts gens de couleur armés, et fait une incursion sur le bourg de Dondon, dans laquelle il y a eu trois blancs tués et trois blessés ; d'avoir, d'après des espèces de manifestes et déclarations de guerre envoyés au gouverneur-général, au commandant en second, au président de l'Assemblée provinciale du Nord, *soutenu guerre ouverte* et rangé sa *bande* en bataille contre les troupes patriotiques et de ligne, et fait feu sur lesdites troupes, dont il y a eu un grenadier du régiment du Cap blessé ; d'avoir fait plusieurs blancs prisonniers ; d'avoir envoyé une autre *bande* faire feu sur les dragons et habitants de la Grande-Rivière ; d'avoir, de sa main, tiré sur les troupes deux coups d'espingole ; d'avoir enlevé des mulâtres esclaves de chez leurs maîtres ; de les avoir armés, et d'en avoir emmené avec lui dans la partie espagnole ; d'avoir pareillement enlevé des nègres esclaves de dessus les habitations de leurs maîtres.

« Déclare pareillement ledit Jean-Baptiste, dit Chavannes, aussi quarteron libre, dûment atteint et convaincu d'avoir, avec le nommé Ogé jeune, été le premier et le plus ardent à provoquer, ordonner et exécuter ladite révolte...... Pour réparation de quoi condamne lesdits Vincent Ogé jeune, quarteron libre du Dondon, et Jean-Baptiste Chavannes, quarteron libre de la Grande-Rivière, à être conduits, par l'exécuteur de la haute justice, au-devant de la principale porte de l'église paroissiale de cette ville; et là, nu-tête et en chemise, la corde au cou, à genoux, et ayant dans leurs mains chacun une torche de cire ardente du poids de deux livres, faire amende honorable, et déclarer, à haute et intelligible voix, que c'est méchamment, témérairement et comme mal avisés qu'ils ont commis les crimes dont ils sont convaincus, qu'ils s'en repentent et en demandent pardon à Dieu, au roi et à justice: ce fait, conduits sur la place d'armes de cette ville, *au côté opposé à l'endroit destiné à l'exécution des blancs*, et d'y avoir les bras, jambes, cuisses et reins rompus vifs sur un échafaud dressé à cet effet, et mis par l'exécuteur de la haute justice sur des roues, la face tournée vers le ciel, pour y rester *tant qu'il plaira à Dieu* leur conserver la vie; ce fait, leurs têtes coupées et exposées sur des poteaux, savoir celle dudit Vincent Ogé jeune sur le grand chemin qui conduit au Dondon, et celle de Jean-Baptiste, dit Chavannes, sur le chemin de la Grande-Rivière, en face de l'habitation Poisson; déclare les biens dudit Ogé jeune et dudit Jean-Baptiste, dit Chavannes, acquis et confisqués au profit du roi; surseoit au jugement des autres accusés jusqu'après l'exécution desdits Ogé jeune et Jean-Baptiste dit Chavannes; ordonne que les têtes desdits Ogé jeune et Jean-Baptiste, dit Chavannes, seront envoyées sous bonne garde sur les lieux où elles doivent être exposées, et que M. Duvernon, notaire et substitut à la Grande-Rivière, que la Cour commet à cet effet, en dressera procès-verbal, qui sera déposé par lui au greffe de la Cour. (1) »

Il était nécessaire que je fisse connaître le texte précis de cet arrêt, sur lequel M. Schœlcher, écrivant l'histoire d'Haïti, a glissé

(1) « Lorsqu'on apprit la mort d'Ogé, à Paris, toutes les classes en manifes- « tèrent leur indignation contre *les cultivateurs* (les colons), et ces derniers furent « quelque temps sans oser se montrer dans les rues de la capitale. »

(*Histoire d'Haïti*, par Ch. Malo).

avec une prudente réserve. Maintenant, je vais laisser parler encore Garran; et quand les jeunes Haïtiens qui ont joué le drame de M. Faubert sur la mort d'Ogé, et ceux qui l'ont applaudi, voudront aller demander la vérité sur cette partie de leur histoire, ils liront ce qui va suivre, et ils trouveront que ce qu'on leur a appris est conforme à l'histoire écrite par des hommes impartiaux, qui n'ont pas vu les choses et les hommes à travers la loupe des adversaires des noirs et des mulâtres; mais avec l'intelligence et le savoir de l'historien.

Voici la suite de l'histoire d'Ogé par Garran; c'est la réfutation la plus complète de tout ce qu'a écrit M. Schœlcher :

« Les défenseurs du fanatisme des couleurs, qui ont fait périr Ogé sur la roue, lui *ont cherché en France des crimes chimériques et étrangers aux chefs pour lesquels il a été condamné, parce qu'ils sentaient bien qu'un tel jugement ne suffisait pas pour déshonorer les infortunés qui en avaient été la victime*. Enfin, après lui avoir *reproché*, *durant sa vie*, *d'avoir voulu soulever les esclaves*, *ils lui ont fait un crime*, *après sa mort*, *d'avoir écrit qu'il ne voulait pas les armer contre les blancs*. L'examen de ces objections diverses semble d'abord assez inutile, d'après leurs contradictions manifestes; mais la catastrophe d'Ogé paraît avoir eu tant d'influence sur les événements postérieurs, que rien de ce qui s'y rapporte ne doit être négligé. Cette discussion est d'ailleurs propre à jeter un nouveau jour sur les manœuvres des meneurs des *colons blancs*, *qui*, *en altérant sans cesse la vérité pour satisfaire leurs passions et tromper la mère-patrie*, ont été l'une des causes les plus actives des maux de cette belle colonie.

« Il est vrai qu'Ogé *pensait*, en 1790, *avec les philosophes les plus respectables et les amis des noirs eux-mêmes*, *qu'on ne devrait pas donner tout d'un coup la liberté aux esclaves* (1); il ne croyait pas que cette tentative fût alors praticable, et il fallait toute l'étendue de notre révolution pour que ce grand acte

(1) « Ogé, a dit un écrivain, avait été admis dans la société des *Amis des « noirs*, par la protection de Grégoire, de Brissot, de Lafayette qui en étaient « les principaux agents, et il fut initié par eux dans la doctrine populaire de « l'égalité et des droits de l'homme. »

(*Histoire d'Haïti*, par Ch. Malo).

de justice naturelle pût être effectué si promptement, tant les plus horribles iniquités deviennent difficiles à détruire en s'invétérant. Mais *Ogé était bien éloigné de méconnaître les droits des nègres, et de vouloir, comme les deux assemblées coloniales, que leur éternel esclavage fût la base de la constitution des colonies* ; il avait senti la nécessité d'adoucir leur sort dans le mémoire qu'il eut l'imprudence de présenter au club Massiac.

« Ce reproche, même fait à Ogé *de n'avoir pas voulu la liberté des noirs,* montre assez qu'on n'est pas sincère *lorsqu'on lui fait aussi celui d'être parti* de France par les instigations des amis des noirs et de Raymond, *pour exciter un soulèvement général parmi les esclaves.*

« Le club des amis des noirs s'était borné *à envoyer* Ogé en Angleterre, au philanthrope Clarkson, qui *le fit passer* dans les États-Unis. Il n'y avait rien que *de légitime dans cette démarche.* »

Cette dernière phrase répond à cette assertion de M. Schœlcher, qui fait partir Ogé *précipitamment* de Paris pour fuir *des créanciers importuns;* diminuant ainsi les généreux sentiments et les nobles instincts de ce martyr de la liberté (1). Suivons encore Garran :

« Le même arrêt le déclare bien encore convaincu d'avoir « enlevé des *mulâtres* esclaves de chez leurs maîtres, *de les avoir* « *armés,* et d'en avoir emmené avec lui dans la partie espagnole ; « enfin, d'avoir pareillement enlevé *des nègres esclaves* de dessus

(1) Dans l'interrogatoire d'Ogé il lui a été demandé encore s'il n'a pas fait de mauvaises affaires dans son commerce, et si ce n'est pas en raison de cela qu'il a été obligé de quitter la ville du Cap? — Ogé a répondu « que les *fortes avances* qu'il a *faites à des habitants* (des colons) *et dont il n'a point été remboursé* (*) l'ont mis dans une gêne considérable, et l'ont forcé à quitter la commune ; qu'il n'a point quitté la ville du Cap furtivement, qu'au contraire il a annoncé dans les gazettes son départ pour la France. »

(*) Dans ce temps-là, aux colonies, les colons ne payaient pas les dettes qu'ils contractaient envers les hommes de couleur. — En 1822, c'était encore comme cela à la Martinique. Un colon, chef de la garde nationale, qui devait 7 à 800 fr. à M. Quiqueron, négociant, mulâtre, ordonna quarante-huit heures de prison à son créancier, parce que M. Quiqueron ne voulait pas augmenter le compte de ce colon en lui livrant un boucaud de morue qu'il voulait encore prendre..... — J'ai conservé copie de cet étrange ordre du jour du commandant de la garde nationale.

« les habitations de leurs maîtres. » Mais ces actes particuliers, dont les blancs avaient donné l'exemple à Ogé dans leurs querelles, n'ont aucun rapport à un projet de soulèvement général des esclaves. Suivant l'arrêt lui-même, Ogé n'avait armé que quelques *mulâtres* esclaves qu'on pouvait facilement confondre avec des hommes libres. Il n'avait point armé de nègres, quoiqu'il en eût aussi enlevé.

« Verneuil, qui a été son prisonnier, assure qu'il l'a vu revêtu d'un uniforme avec des épaulettes d'or, « décoré d'une croix, se « disant général de Saint-Domingue, et reconnu comme tel par « ceux qui l'accompagnaient. » D'autres colons ont cité des lettres d'Ogé à ses sœurs, où il prenait, disent-ils, le titre de colonel, et même celui de commandant de la partie française de Saint-Domingue : on a même été jusqu'à dire que le brevet de colonel donné à Ogé était dans les archives des commissaires envoyés par l'assemblée coloniale, que la commission des colonies a fait transporter dans les siennes ; enfin, on a représenté un diplôme de l'ordre de Limbourg, qui donnait à Ogé cette qualification de colonel.

« Il est pénible de le dire, les vérités qui peuvent se trouver dans ces allégations paraissent encore mêlées à beaucoup de faussetés. »

Vous voyez que Garran ne recule devant aucun grief de l'arrêt, qu'il les combat tous, non-seulementen jurisconsulte, mais encore il les discute en logicien, pour les accueillir comme historien. Écoutons encore cet ami de la vérité :

« C'est parce qu'Ogé ne pouvait pas aller directement de France à Saint-Domingue, qu'il y passa sous le nom de Poissac, par la voie de l'Angleterre, où le philanthrope Clarkson le fit embarquer pour les États-Unis. Quant au brevet de colonel, lorsqu'on a sommé les colons de le produire, ils n'ont pu montrer que le diplôme de l'ordre de Limbourg.

« Il est très-possible qu'Ogé, pour se donner du crédit parmi ses compatriotes, ait eu la faiblesse d'acheter un diplôme du prince de Limbourg, dont l'avidité, comme on le sait, appréciait ces sortes de décorations à leur juste valeur, *en en vendant à qui avait la sottise de les payer* (1). Nulle part ailleurs les croix ne procuraient autant de considération qu'à Saint-Domingue, quoiqu'elles ne fussent aussi nulle part plus prodiguées. Tous les écrits des colons sont d'accord sur ce point de fait (2).

« Il est néanmoins à remarquer, à cet égard, que le diplôme produit par des colons dans les débats, au lieu d'avoir été saisi sur Ogé, comme ils ont voulu le persuader, paraît avoir été envoyé dans la colonie, ainsi que son portrait, par le club Massiac, qui avait arrêté l'original à la chancellerie du prince de Limbourg, avant qu'il eût été expédié (3). D'après tant de machinations pratiquées par les agents des assemblées coloniales, il est permis encore de douter si Ogé avait effectivement sollicité cet ordre, et si ce n'est pas là une espèce de fraude pieuse, imaginée par le fanatisme de l'esprit de parti.

« Si ces observations critiques paraissent à quelques esprits poussées trop loin, on les prie de se rappeler que nous ne connaissons l'affaire d'Ogé que par les récits de ses ennemis mortels, et que c'est bien leur faute si, par le secret de la procédure et leurs arrêts contre la liberté de la presse, ils ont ôté au scrutateur de la vérité les moyens d'en acquérir la connaissance

(1) Voyez page 222 du livre de M. Schœlcher, l'usage qu'il fait contre Ogé de ces quelques paroles de Garran-Coulon qu'il a citées, lesquelles sont loin d'être un blâme sévère de la part de Garran par le correctif qui les suit, et que M. Schœlcher a supprimé.

(2) Parmi les preuves très-multipliées qu'on en pourrait donner, on se contentera de citer une lettre d'Archambaud, colon, à Legrand, colon, du 18 mai 1792, où il le prie de demander pour lui la croix de Saint-Louis. « J'ose me « flatter, dit-il, que, pour peu que vous fassiez d'instance, *il vous sera facile* de « réussir..... Il vient *d'en pleuvoir ici vingt-deux*...... Je vois *une infinité de* « personnes qui l'ont eue, *je ne sais comment*; par exemple un sieur de La « Ferrière. Vous connaissez comme moi ses services. On m'a dit *que*, *pour* « *cinq à six louis donnés à un secrétaire*, on était expédié. » (Voyez *Correspondance secrète des députés de Saint-Domingue.*)

(3) Voici le texte de la lettre du club Massiac à l'assemblée de Saint-Marc, du 19 juin 1790 : « Vous trouverez sous ce pli, Messieurs, la copie exacte du « brevet qu'Ogé jeune *a été sur le point d'extorquer* à l'ordre du mérite du « Lion de Limbourg. Nous sommes dépositaires *de l'original*, *qui a été arrêté* « *à temps* par nos soins, aux mains du vice-chancelier de cet ordre. Nous « joignons encore ici le portrait d'Ogé qu'il a fait graver. »

certaine. Indépendamment des preuves de l'immoralité la plus révoltante, qu'on peut reprocher dans trop d'occasions aux agents des assemblées coloniales en France, tout indique particulièrement que, dans cette malheureuse affaire, ils ont fait jouer les manœuvres les plus criminelles pour perdre les défenseurs des hommes de couleur. »

Garran avoue ne connaître les faits que par les récits des ennemis mortels de la cause des noirs et des mulâtres, et cependant il démêle la vérité et la montre. Et M. Schœlcher, qui avait sous les yeux, en écrivant, les quatre volumes du rapport de Garran, puisqu'il cite ce rapport, est encore, à l'heure qu'il est, à faire connaître la vérité à ses lecteurs. Mais ne quittons pas Garran :

« Enfin, deux des hommes qui ont depuis joué les rôles les plus importants dans l'affaire des colonies, Page et Brulley, firent imprimer, avec les altérations les plus perfidement insidieuses, des extraits d'une lettre écrite par Julien Raymond dans la colonie, à l'époque même du supplice d'Ogé. Cette falsification a été constatée en leur présence par le comité de marine et des colonies, qui rendit un arrêté pour justifier Raymond. »

Et ce sont dans les écrits de ces deux hommes, et ceux des autres colons, que M. Schœlcher est allé puiser ses notions historiques, pour venir apprendre à ses lecteurs ce qu'il croit être vrai, puisqu'il affirme avec confiance « qu'on ne le démentira pas; car les hommes *jaunes* d'Haïti, qui ne sont pas du tout responsables des crimes de leurs pères, en savent là-dessus autant que lui. » Je plaindrais bien les *hommes jaunes* s'ils n'en savaient pas plus là-dessus que M. Schœlcher. Citons encore Garran :

« Mais celui qui, après avoir passé en revue tous les actes de tyrannie qu'on avait commis à Saint-Domingue envers les hommes de couleur, remarquera ensuite le refus qu'on y fit d'exécuter tous les décrets de l'Assemblée constituante rendus en leur faveur, acquerra probablement la déplorable conviction que les maîtres d'esclaves ne pouvaient être réduits que par l'insurrection générale contre laquelle ils ont si longtemps lutté. *Quelque opinion donc que l'on puisse avoir sur la témérité des démarches d'Ogé*, si l'on se porte aux premières années de la révolution, si l'on se rappelle que les blancs de la colonie lui avaient montré l'exemple de s'armer les uns contre les autres, et qu'il ne réclamait même les droits les plus légitimes contre des autorités illégales, à deux mille lieues de la métropole, qu'en se fondant sur les décrets de l'Assemblée nationale, *on ne pourra refuser des larmes à sa cendre, en abandonnant ses bourreaux au jugement de l'histoire.* »

Garran ne parle que de la témérité des démarches d'Ogé; et, en abandonnant les bourreaux de cette victime du préjugé de couleur au jugement de l'histoire, il dit qu'on ne peut refuser des larmes à sa cendre !

Et M. Schœlcher qui se dit *philanthrope*, non-seulement il ne plaint pas le malheureux Ogé, mais il ne veut pas que les Haïtiens, les frères d'Ogé, en fassent un martyr de la liberté. « Les Haïtiens n'ont pas besoin de héros, de victime, dont ils honorent la mémoire. Parlez-moi des Mexicains, vous dit M. Schœlcher, ils ont leur Hidalgo et leur Allende; mais vous, *hommes jaunes*, comment voulez-vous que le *jeune mulâtre* qui a assisté au club Massiac soit un *martyr*, un *apôtre* de la liberté? Lui un *héros !* un chef de *bande !* Ah ! *n'osez* donc plus dire avec cette *obscure duplicité :* « Ce que lui et les autres hommes de couleur récla-
« maient alors en France et à Saint-Domingue, c'était pour
« parvenir à cette liberté générale ; car lui et les autres
« mulâtres, loin d'être les amis des noirs, ils furent, au contraire,
« leurs ennemis les plus acharnés ! »

Cette péroraison est cependant la fidèle analyse du discours ou du réquisitoire de M. Schœlcher contre Ogé. Et M. Schœlcher avait les pièces du procès sous les yeux ; il les a lues, et voyez donc sa conclusion.

Mais achevons de faire connaître sous son véritable jour ce malheureux Ogé, si cruellement traité, après sa mort, par la plume du *philanthrope abolitioniste*, et laissons parler encore une dernière fois le vertueux Garran :

« Dès le mois de septembre 1789, l'infortuné Ogé, qui ne savait dissimuler pas une de ses pensées, et qui éprouvait par lui-même qu'aucune crainte ne peut comprimer efficacement le sentiment de la liberté chez ceux qui s'en sont une fois pénétrés, avait eu l'imprudence d'offrir au club Massiac la communication d'un plan de cette espèce. Il arrivait alors de la colonie, où il avait été à portée d'observer la sensation profonde que l'aurore de la révolution avait faite sur les nègres. Il s'était convaincu que les mesures de justice et d'humanité les plus promptes et les plus sagement combinées pouvaient seules prévenir une insurrection générale de leur part. On nous pardonnera, sans doute, de retracer ici les sentiments qu'il exprima au club Massiac, et les trop véritables prédictions qu'il y joignit. Elles prouvent qu'il n'était pas besoin de ressorts étrangers pour ranimer chez les nègres le désir de la liberté.

« Ces vues étaient malheureusement trop éloignées de celles des grands planteurs ; on ne les trouve dans aucun des écrits de ceux qui ont eu quelque influence dans les deux assemblées coloniales. Tous regardaient les nègres comme condamnés par la nature à une éternelle servitude, et ils ne connaissaient d'autre moyen de contenir les esclaves que la terreur et les châtiments. De telles bases de conduite n'étaient pas propres à prévenir les soulèvements.

« *Ce jeune Ogé, si intéressant par son ardent amour pour la liberté, par la franchise avec laquelle il manifestait ses vues, toutes dirigées vers ce but*, comme s'il n'y eut vu aucun danger, *fut presque le seul qui daigna jeter un œil de pitié sur les esclaves noirs*, au commencement de la révolution. On ignore quel est le projet que l'humanité et la politique lui avaient dicté pour l'amélioration de leur sort ; mais il est prouvé qu'il en avait conçu un, qu'il le présenta au club Massiac dès le mois de septembre 1789, en annonçant que c'était le seul moyen de prévenir *la révolte* des esclaves, *l'incendie* générale des habitations et *l'égorgement* des hommes libres. On peut conclure de quelques expressions de son discours, que son plan consistait dans un système d'affranchissement graduel, et que le rapprochement de cette époque pour chaque nègre devait dépendre de son plus ou moins d'industrie et de sa conduite personnelle. Ogé *y avouait* du moins sans détour *que la liberté était faite pour tous les hommes, et qu'il fallait la donner à tous.* »

Ainsi donc il est démontré, par tous ces documents, qu'Ogé,

loin d'être l'ennemi des noirs comme l'a avancé M. Schœlcher dans son réquisitoire, fut au contraire presque le seul qui daigna jeter un œil de pitié sur les esclaves noirs au commencement de la révolution. Il est démontré qu'Ogé avait un plan d'émancipation, qu'il voulait prévenir la révolte, l'incendie générale des habitations et l'égorgement des hommes libres. Voilà la vérité dans tout son jour sur la vie de ce malheureux Ogé. Il avouait sans détour que la liberté était faite pour tous les hommes, et qu'il fallait la donner à tous; c'est Garran-Coulon, ami des noirs, membre de la Convention nationale, qui a connu Ogé, qui a instruit ces grands débats sur Saint-Domingue, qui avance tous ces faits, qui les a recueillis dans son savant rapport à la Convention nationale.

Et M. Schœlcher, lui, nouveau-venu dans l'arène, dont les titres abolitionistes sont encore à vérifier par nous autres nègres et mulâtres, *seuls* compétents dans la question. M. Schœlcher à qui nous avons le droit de demander qui êtes-vous? D'où venez-vous? M. Schœlcher se *pose* notre *défenseur*, et, ses premiers comme ses derniers travaux, ne tendent à rien moins, qu'à flétrir et à déconsidérer les auteurs de nos jours, en nous désignant *tous* comme le fruit de la débauche et du libertinage, et nos mères comme de viles *prostituées!* Puis après avoir lancé ces anathèmes, d'un seul bond, il s'empare des hommes dont la mémoire nous est chère, et, corrigeant l'histoire à sa manière, il en fait des êtres vils et méprisables, indignes de nous servir de modèles et d'émules.

Haïtiens, mes frères! vous que plus particulièrement cette histoire intéresse, quoiqu'elle soit celle de toute la race noire, posez-donc ce dilemme à M. Schœlcher:

Ou vous avez lu toute l'histoire d'Ogé, ou vous ne l'avez pas lue.

Si vous l'avez lue, pourquoi ne nous l'avoir pas fidèlement fait connaître, telle que nous la savons, par tradition de nos aïeux, contemporains d'Ogé, telle que nous l'avons apprise dans les écrits des amis des noirs?

Si vous ne l'avez pas lue, pourquoi alors, nous donnez-vous pour vrai ce qui n'est que le jugement erronné et passionné de nos ennemis, publié dans le seul but de nous diviser, de nous faire nous entr'égorger ?

Et sans attendre la réponse à ces propositions, tranchez vous-mêmes la question, mes frères. Rappelez-vous que M. Schœlcher a dit :

« La dissolution des mœurs chez les *nègres* est telle que, pour « cinquante sous, *un mari cède sa femme* à un autre pendant huit « jours. » (1).

Et depuis il a ajouté :

« L'oisiveté qui dévore et avilit la race *mulâtre*, son *inutilité*, « ses mœurs repréhensibles, son manque de dignité, expliquent « l'orgueil des blancs. » (2).

Que sommes-nous donc alors, nous autres nègres et mulâtres ?

Prononcez, Haïtiens, mes frères !

III.

On ne peut se le dissimuler, et les Haïtiens doivent le voir ainsi : tout le livre de M. Schœlcher est dans le chapitre intitulé : *la Faction Jaune*. Et, si je ne sors pas de ce chapitre, c'est que là est le danger pour Haïti. En représentant à chaque page, comme il l'a fait, « les mulâtres dominant les noirs, vou-« lant les amoindrir et se constituer, au mépris de la vérité, « comme les principaux chefs de l'indépendance, » M. Schœlcher travaille sans s'en douter en faveur des adversaires des Haïtiens. Déjà l'auteur a mérité ce reproche pour son livre sur les *colonies françaises*. C'est toujours le même cadre, le même système. Aux colonies françaises, ce sont les mulâtres qui, « s'opposant à l'af-« franchissement des esclaves, veulent *s'élever jusqu'aux blancs*

(1) *Revue de Paris*, tome XX, 1830. *Des Noirs*, par V. Schœlcher.
(2) *Des Colonies françaises*, 1842, tome I, par V. Schœlcher.

« et tenir leurs *frères noirs dans l'esclavage.* » A Haïti, c'est une *faction jaune*, créée et mise au monde par M. Schœlcher, en opposition à un *parti noir* sorti de son cerveau.

Des faits nombreux et récents de l'histoire d'Haïti répondent victorieusement à cette inimitié de caste que M. Schœlcher s'évertue à établir entre sa *faction jaune* et son *parti noir*. Pour le moment, je ne citerai que deux faits tirés de l'histoire de Saint-Domingue, sous le régime de l'esclavage : Les *noirs* avaient une grande haine pour Blanchelande, gouverneur, depuis que celui-ci avait envoyé son fils *réclamer le malheureux Ogé* chez les Espagnols (1). — Ceci est incontestable, et c'est ce souvenir traditionnel que relèvent aujourd'hui, par la reconnaissance, tous les Haïtiens, pour la mémoire d'Ogé, qui fait que ce martyr de la liberté est pour ses frères un *Hidalgo et un Allende*. — L'autre fait, le voici : Quelques jours après le concordat passé entre les blancs et les hommes de couleur, pour mettre fin à la guerre civile, des noirs esclaves, qui avaient combattu avec les hommes de couleur, ayant été condamnés à mort par la juridiction prévôtale, les hommes de couleur menacèrent de se soulever, en disant « qu'*ils vengeraient cet attentat, et que tout noir esclave qui* « *combattrait avec eux devait être libre* (2). » — Ce fait est non moins incontestable, et prouve que toutes les fois que des agents intéressés ou non, que des *amis* inintelligents ou mal inspirés ne viennent pas semer la discorde parmi les noirs et les mulâtres, ces enfants, d'une même race, s'aiment, s'estiment et se défendent mutuellement contre leurs ennemis communs.

Par exemple, quand M. Schœlcher dit ceci, il ne fait pas l'office d'un *apôtre* de la paix :

« Il n'est que trop vrai, écrit l'*historien philanthrope*, longtemps « les hommes de couleur de Saint-Domingue repoussèrent toute « solidarité avec les esclaves. Dans les instructions que leur dé- « puté, Raymond, leur adressa après le décret du 28 mars 1790, *il* « *les exhorta à la paix et à la soumission;* il les *invita* avec instance « à *maintenir de toutes leurs forces la police intérieure des esclaves*,

(1) *Rapport* Garran, Tome II.
(2) *Idem* *idem* IV.

« selon les ordres qui leur seront donnés.» — M. Schœlcher fait remarquer que ces derniers mots sont extraits du rapport de Garran-Coulon ; puis il continue : « Loin d'être les *amis des noirs*, « ils furent, au contraire, leurs *ennemis les plus acharnés;* il les « *trahirent*, ils les *sacrifièrent* plus d'une fois avant de contracter « avec eux, quand ils ne purent faire autrement, une alliance dé- « finitive ; et si les colons aveuglés n'avaient pas eu la folie de « leur refuser les droits politiques, peut-être les esclaves eussent- « ils été *forcés d'exterminer les jaunes* comme les blancs pour « fonder la nouvelle Haïti. »

Ceci est très-clair, et si l'on fait suivre cet acte d'accusation de l'acte d'accusation précédent, contre Ogé, on n'aura pas besoin d'un bien grand effort de lumières pour deviner la conclusion, ou plutôt l'esprit du livre de M. Schœlcher. Mais, heureusement, on peut opposer à ces affirmations imprudentes sur Raymond, qui est ici le principal accusé, le témoignage *vrai* et non pas *tronqué* de Garran-Coulon, cité par l'*historien d'Haïti.*

Voici le passage du rapport de Garran à la Convention nationale : « Raymond invite encore les hommes de couleur à main- « tenir au contraire de toutes leurs forces la police intérieure des « esclaves, selon les ordres qui leur seront donnés. *Mais il était* « *trop juste et trop humain* pour vouloir que le sort de ces infor- « tunés fût laissé à la discrétion des autorités constituées de la « colonie. Il savait que des maîtres d'esclaves manqueraient « toujours de l'impartialité nécessaire pour y statuer comme on « l'aurait dû..... » — Après quelques détails sur cet objet : « Raymond, — ajoute Garran, — Raymond répète qu'il faut « laisser à la sagesse de l'Assemblée nationale de prononcer sur « le sort des esclaves. »

Ce vœu de Raymond était en opposition avec les prétentions des colons, qui demandaient que l'Assemblée nationale déclarât que « son décret des droits de l'homme ne pouvait ni ne devait « concerner les colonies, et de décréter qu'elle reconnaît aux co- « lonies françaises le droit de *faire elles-mêmes leur constitution.* »

Raymond ne doutait pas que ces adversaires, que ces ennemis de ses frères libres et esclaves, ne tendaient qu'à exciter des désordres, des troubles aux colonies pour effrayer l'Assemblée nationale, la France entière, et empêcher par là qu'on ne s'occupât de la question des hommes de couleur et des esclaves. En exhortant ses frères à tout souffrir, en les invitant à maintenir la police intérieure des esclaves, Raymond ne voulait compromettre ni les amis des noirs, qu'on accusait d'exciter des troubles, ni ses frères libres et esclaves qu'on voulait faire entrer dans une fausse voie, afin d'en prendre occasion pour les perdre, Raymond, en un mot, prêchait à ses frères de toutes couleurs, ce que le grand O'Connell prêche aujourd'hui à ses coreligionnaires irlandais: La patience, la résignation et savoir attendre. Où donc le grand crime?

Plus loin, dans ce même rapport à la Convention, Garran parle des projets humains de Raymond et d'Ogé en faveur des esclaves, et il s'exprime ainsi :

« Quelques hommes de couleur ne s'en tinrent pas à ces té« moignages stériles de compassion pour les noirs. On voit, « dans plusieurs lettres de Julien Raymond, qu'il avait un plan « pour parvenir à l'affranchissement graduel des esclaves, en « améliorant leur sort actuel (1). »

M. Schœlcher, dont la manie paraît être d'accuser tout le monde, pourrait aussi accuser les chefs noirs Jean-François Biassou et autres, d'avoir été les *ennemis les plus acharnés des noirs*, *de les avoir trahis*, *sacrifiés;* car voici un document qui pourrait, en quelque sorte, justifier cette accusation dans l'esprit de ceux qui écrivent l'histoire sans la connaître, et sans se reporter aux temps dont ils parlent. Ce document, c'est la lettre des chefs noirs à l'Assemblée coloniale :

« La proclamation du roi, du 28 septembre, y est-il dit, est « une acceptation formelle de la constitution française; dans « cette proclamation, on voit sa sollicitude paternelle, il désire « ardemment que les lois soient en pleine vigueur, et que tous « les citoyens concourent en corps à rétablir ce juste équi« libre, dérangé depuis si longtemps par les secousses réitérées « d'une grande révolution; son esprit de *justice et de modération* « y est manifesté bien clairement et précisément. Ces deux lois

(1) *Rapport*, tome II.

« sont pour la mère-patrie, qui exige un régime absolument « distinct de celui des colonies ; *mais les sentimens de clémence « et de bonté, qui ne sont pas des lois, mais des affections du cœur, « doivent franchir les mers, et nous devons être compris dans « l'amnistie générale qu'il a prononcée pour tous indistinctement.*

« Nous passons maintenant à la loi relative aux colonies, du « 28 septembre 1791. Nous voyons, par cette loi, que l'Assem- « blée nationale et le roi vous autorisent à former vos demandes « sur certains points de législation, et vous accordent de pro- « noncer définitivement sur certains autres. Dans le nombre de « ces derniers est l'état des personnes non libres et l'état poli- « tique des citoyens de couleur. Nous respectons assurément les « décrets de l'Assemblée nationale sanctionnés par le roi ; nous « disons plus, *nous les défendrons ainsi que les vôtres, revêtus de « toutes les formalités requises*, jusqu'à la dernière goutte de « notre sang. Nous nous permettrons ci-après de vous exposer « nos réflexions, bien persuadés qu'elles trouveront près de « vous toute l'indulgence possible.

« Enfin, la lettre du ministre de la marine exprime d'une ma- « nière formelle la ferme volonté où est le roi de maintenir les « articles décrétés, par tous les moyens qui sont en sa puissance « royale. Voilà, Messieurs, ce que nous ont présenté ces pièces « analysées. Nous allons vous faire notre profession de foi sur les « troubles actuels, et nous sommes convaincus d'avance de toute « l'indulgence que vous aurez pour nous, indulgence qui nous est « manifestée *par le corps législatif et souverain.* De grands mal- « heurs ont affligé cette riche et importante colonie; *nous y avons « été enveloppés et il ne nous reste plus rien à dire pour notre justifi- « cation.* L'adresse que nous avons pris la liberté de vous faire « parvenir ne laisse rien à désirer à cet égard ; mais, au moment « où nous l'avons rédigée, nous n'avions nulle connaissance de « ces diverses proclamations : aujourd'hui que nous sommes in- « struits des nouvelles lois, *aujourd'hui que nous ne pouvons dou- « ter de l'approbation de la mère-patrie pour tous les actes législa- « tifs que vous décréterez concernant le régime intérieur des colonie « et l'état des personnes, nous ne nous montrerons pas réfractaires.*

« Bien plus, pénétrés de l'esprit de vos arrêtés, qui ne nous sont

« parvenus que dernièrement ; ne sachant à quelle cause attri-
« buer ce retard, nous sommes pénétrés de la plus vive recon-
« naissance ; et, par retour, nous vous réitérons nos assurances
« par le désir que nous aurions de vous ramener la paix. Nous
« avons formé des demandes dans l'adresse que nous avons eu
« l'honneur de vous faire passer ; nous les avons cru acceptables
« par toutes les raisons possibles, par l'amour même du bien.
« Nous avons cru devoir, au nom de la colonie en danger, vous
« demander les seuls et uniques moyens de rétablir promptement
« et sans perte l'ordre dans une si importante colonie ; vous avez
« dû peser la demande et les motifs qui l'ont dictée : *le premier*
« *article proposé* (1) *est de convenance absolue ;* votre sagesse vous
« dictera le parti que vous aurez à prendre à cet égard. Une nom-
« breuse population, qui se soumet avec confiance aux ordres du
« monarque et du corps législatif qu'elle investit de sa puissance,
« mérite assurément des ménagements dans un moment où toutes
« les parties de la colonie doivent, à l'exemple de la métropole,
« par leur union, leur respect aux lois et au roi, songer à prouver
« à ce pays le degré d'accroissement que l'Assemblée nationale
« a droit d'en attendre. Les lois qui seront en vigueur *pour l'état*
« *des personnes libres et non libres*, doivent être les mêmes dans
« toute la colonie : *il serait même intéressant que vous déclariez*,
« *par un arrêté sanctionné de M. le général, que votre intention est*
« *de vous occuper du sort des esclaves ;* sachant qu'ils sont l'objet
« de votre sollicitude, et le sachant de la part de leurs chefs, à qui
« vous feriez parvenir ce travail, ils seraient satisfaits, et cela fa-
« ciliterait pour remettre l'équilibre rompu, sans perte et en peu
« de temps. Nous prenons la liberté de vous faire ces observa-
« tions, persuadés que, dès que c'est pour l'intérêt général, vous
« les accueillerez avec bonté ; enfin, Messieurs, nos dispositions
« pacifiques ne sont pas équivoques ; elles ne l'ont jamais été :
« *des circonstances malheureuses semblent les rendre douteuses ;*
« mais un jour vous nous rendrez toute la justice que mérite
« notre position, et serez convaincus de notre soumission aux
« lois, de notre respectueux dévouement au roi. Nous attendons

(1) La liberté des principaux officiers noirs.

« impatiemment les conditions qu'il vous plaira mettre à cette « paix si désirable: seulement nous vous ferons observer que, du « moment que vous aurez parlé, notre adhésion sera uniforme, « mais que *nous croyons l'article premier de notre adresse indis-* « *pensable*, et que nous le croyons avec l'expérience que doit « nous donner la connaissance du local (1).»

Je suis loin de conclure de cette lettre des chefs noirs, que ces fameux guerriers furent *les ennemis les plus acharnés de leurs frères, qu'ils les trahissaient, les sacrifiaient*, ni qu'ils voulaient *s'élever jusqu'aux blancs et tenir leurs frères dans l'esclavage*. Non, je ne concluerai pas de ce fait que Jean-François Biassou et les autres chefs noirs fussent des traîtres, parce qu'ils ne stipulaient la liberté, dans leur traité, que pour les *principaux officiers noirs*. En narrateur consciencieux, je ferai la part du temps et des événements, je me reporterai à l'époque où vécurent ces hommes fameux, et je les jugerai d'après les idées de ce temps-là, et non pas d'après nos idées actuelles. C'est ce que M. Schœlcher n'a pas su ou n'a pas voulu faire, comme *historien*, et c'est ce que lui reprocheront tous les hommes de sens qui liront son livre. — Autres temps, autres mœurs : allez proposer aujourd'hui au général Lazarre, général noir, à M. Gelin, noir, président de la nouvelle constituante, un traité quelconque, non pas de la servitude de leurs frères, ce n'est plus de mise à Haïti, mais un traité qui aurait pour but, soit directement, soit indirectement, de compromettre l'indépendance haïtienne ou l'intégrité du sol de la république, et vous verrez ce que ces *noirs* d'aujourd'hui vous répondront. Mais revenons à Raymond.

Julien Raymond, que M. Schœlcher accuse d'être l'ennemi le plus acharné des noirs, a été cependant, lui aussi, une des victimes des colons, de ces colons dans les écrits desquels M. Schœlcher a puisé les documents historiques qui servent de base à son livre. Voilà comment M. Schœlcher aurait paru, à ceux qui sont aussi instruits que lui des affaires d'outre-mer, très-savant sur l'histoire

(1) Lettre de Jean-François Biassou, etc., à l'Assemblée coloniale, du 4 décembre 1791. — *Rapport sur les troubles de Saint-Domingue*, par Tarbé, partie III.

des colonies et sur l'histoire d'Haïti, si je n'avais connu la source où il a puisé avec une confiance inexplicable à nos yeux.

Pour compléter la justification de Raymond que M. Schœlcher accuse, je vais emprunter encore les paroles de Garran à la Convention nationale, et l'on verra comment il n'a pas dépendu de MM. Page, Brulley et consorts, dont M. Schœlcher se fait le plagiaire, que M. Raymond portât sa tête à la guillotine. Je laisse parler Garran. On jugera mieux l'homme dont M. Schœlcher n'a pas craint d'attaquer la mémoire.

« Dès 1784, Raymond, était venu solliciter en France des améliorations au sort de ses frères. Ses lettres, qu'on avait aussi calomniées, ont été depuis imprimées en entier dans deux recueils; elles comprennent à peu près toutes les époques de notre révolution jusqu'à la proclamation de la liberté des nègres. Il est impossible de montrer plus d'attachement à la mère-patrie et plus de respect pour les lois, plus d'amour de la véritable liberté et un plus vif sentiment des droits de l'homme. La conduite de Julien Raymond, que les accusateurs de Polverel et Sonthonax (Page, Brulley et consorts) avaient fait incarcérer en 1793, a été l'objet d'un rapport particulier, fait par le commissaire des colonies. Le décret intervenu sur ce rapport déclare : « qu'il n'y a « pas lieu à inculpation contre Julien Raymond; que la Conven- « tion n'a vu dans sa correspondance et dans ses écrits que les « principes dignes d'un républicain, et que la *liberté* qui lui a « été rendue provisoirement par le décret du 16 germinal dernier « demeure définitive. »

« Page et Brulley avaient accusé Julien Raymond d'avoir employé ou voulu employer, à salarier Brissot et quelques autres *amis des noirs*, une somme de plusieurs millions; pour donner plus de poids à cette calomnie, Page et Brulley avaient fait imprimer des lettres de Julien Raymond, que *l'Assemblée coloniale* avait interceptées; et, au moyen de quelques altérations assez peu sensibles qu'ils y avaient faites, ces lettres paraissaient justifier leurs inculpations. Il y eut à ce sujet une séance extraordinaire au Comité de marine et des colonies. Julien Raymond y prouva la perfidie de ses adversaires; ils ne répondirent que par des faux-fuyants étrangers à la question. Enfin, quand on voulut, dans la séance suivante, vérifier le fait sur les originaux, Page et Brulley refusèrent de s'y prêter. Quoi qu'il en soit, le Comité, *vérification faite des pièces*, « déclara qu'il était unanime-« ment et de plus en plus convaincu que les commissaires de « Saint-Domingue avaient présenté, dans l'écrit dont il était ques-« tion, des *passages tronqués* de cette lettre (de J. Raymond), des « rapprochements de phrases isolées de celles qui en fixent le « véritable sens, et même des *omissions ou des changements de* « *mots* qui caractérisent *d'une manière très-différente de la véri-* « *table* les sentiments, les avis ou les exhortations que le citoyen « Raymond communiquait ou donnait à ses concitoyens. »

Le lecteur comprendra facilement, par le soin que je mets à citer ces textes officiels, et à les reproduire aussi largement, que mon intention est de faire apprécier le mérite des documents contraires consultés par M. Schœlcher.

Ce Raymond, qui était l'un des ennemis le plus acharnés des noirs, d'après M. Schœlcher, n'était pas au mieux pour cela avec les auteurs favoris consultés par M. Schœlcher pour écrire son histoire. Je vais faire parler encore Garran-Coulon, à la Convention nationale :

« D'après les efforts de Julien Raymond en faveur des hommes de couleur, d'après les discussions qu'il avait eues au comité de marine avec Page et Brulley, on pressent d'avance qu'ils ne l'avaient pas oublié sur la liste de ceux dont ils avaient juré la perte. Ils avaient fait annoncer, dans le rapport fait par Amar sur les 22 députés girondins, que cet homme de couleur était un de leurs complices, et ils se prévalurent ensuite de l'énoncé de ce rapport pour dire que l'inculpation qu'ils avaient faite d'avoir soudoyé Brissot était matériellement prouvée. Ils obtinrent aussi son arrestation et sa traduction au tribunal révolutionnaire. Rien n'est plus révoltant que l'acharnement qu'ils mirent alors dans leurs démarches auprès des comités de gouvernement et du tribunal révolutionnaire, pour empêcher que cet infortuné n'échappât au supplice. On trouve dans leurs registres la note de plus de quarante visites faites à Amar seul sur cet objet, et d'à peu près un pareil nombre qui furent réparties entre Robespierre, Couthon, Saint-Just, d'autres membres du gouvernement et l'accusateur public du tribunal révolutionnaire, Fouquier-Tinville. L'éclaircissement de cette partie déplorable de l'histoire de la révolution à Saint-Domingue exige que l'on entre dans quelques détails à cet égard, quelque pénibles qu'ils puissent être. On n'aura guère besoin que d'extraire les procès-verbaux qui ont été dressés par Page et Brulley. Ces procès-verbaux sans doute, ne font pas preuve contre ceux avec qui ils ont eu des relations; mais ils en font incontestablement une contre Page et Brulley; ils constatent bien ce qu'ils ont fait, et surtout ce qu'ils ont voulu faire, quelque opinion qu'on puisse avoir sur tout le reste. Dès les premiers jours de brumaire de l'an II, dans le temps même du jugement de Brissot, les prétendus commissaires de Saint-Domingue demandaient à Fouquier-Tinville, si Raymond était envoyé au tribunal révolutionnaire. Fouquier répondit que non, en leur faisant observer que Raymond « ne pouvait man-« quer de l'être, d'après l'acte d'accusation contre Brissot, et « que l'agent d'un grand coupable ne pouvait être innocent. » — « En conséquence, Page et Brulley pressèrent Amar, au nom du bien public, auquel il s'était voué sans réserve, de mettre sous les yeux du comité de sûreté générale le travail qu'ils avaient présenté sur l'affaire de Raymond. Le citoyen Amar a dit aux commissaires que « ce travail ne servirait pas peu à démon-« trer, avec la dernière évidence, que Raymond devait être con-« sidéré comme l'un des *destructeurs de la colonie.* »

A toutes ces démarches, à toutes ces accusations acharnées contre Raymond, venaient se joindre celles de divers colons. Ecoutez encore Garran :

« Page et Brulley furent aidés dans leur odieux complot par divers colons de leur parti, et surtout par les déportés. On trouva, dans les pièces du procès de Raymond, un mémoire de 60 pages in-folio, adressé contre lui à Fouquier-Tinville, par Lachevesque-Thibaud, qui ne contient que des déclamations perfides sur les malheurs de Saint-Domingue, sur les liaisons de Raymond, de Brissot et des *Girondins.* On dit que les moyens employés par Raymond, pour la destruction des colonies, « fai-« saient partie du système de Brissot. » On reproche encore à « Raymond d'avoir fait parade, « sans cesse, de modération, de

« cette obéissance entière et sans restriction aux lois, « de cet amour de l'ordre et de la paix que respiraient ses « lettres..... »

C'est absolument le même reproche qu'adresse aujourd'hui M. Schœlcher à Raymond, pour en conclure que Raymond était l'ennemi des esclaves, parce qu'il demandait à ses amis de les tenir dans la discipline, pour que leurs adversaires ne les calomnient pas. Poursuivons :

« Enfin, on trouve dans les pièces du procès de Julien Raymond plusieurs lettres de ce même Larchevesque-Thibaud à Fouquier-Tinville, qu'il y appelle *son cher ami*. Dans le même temps, et par une intrigue évidemment concertée avec Page et Brulley, Verneuil et d'autres déportés écrivirent à ces prétendus commissaires de Saint-Domingue une lettre où ils feignaient de les accuser de mollesse dans leurs démarches auprès de l'accusateur public du tribunal révolutionnaire. Après s'y être plaints de ce que les partisans de Brissot travaillaient en tous sens pour soustraire Raymond au glaive de la loi, malgré les *preuves matérielles* qui s'élevaient contre lui; ils finissent par dire : « Si, contre « notre espérance, l'intrigue l'emportait sur la justice, nous ne « vous dissimulons pas que Larchevesque-Thibaud et vous, étant « les seuls qui ayez déposé dans cette affaire, seriez personnel- « lement responsables de ce déni de justice, et que, dans ce « cas, nous sommes déterminés à faire auprès de la Convention « nationale et des *sociétés populaires*, toutes les démarches né- « cessaires pour que l'accusé ne puisse se soustraire au jugement « qui doit être porté. » Page et Brulley s'empressèrent de porter une copie de cette lettre à Fouquier-Tinville, qui la joignit aux pièces de la procédure contre Raymond. Le lendemain encore, « les commissaires de Saint-Domingue se rendent chez l'accusateur « public pour lui représenter l'urgence de terminer sur l'affaire « de Raymond. Ils lui détaillent tout ce qui est parvenu à leur « connaissance sur les intrigues et les cabales qui se formaient « pour soustraire ce coupable au glaive de la loi. Ils lui rappellent « la lettre dont ils lui ont fait remise le jour d'hier, et lui témoi- « gnent toute leur sensibilité *sur l'espèce de suspicion que les co- « lons signataires de cette lettre semblent jeter sur eux*. L'accusa-

« teur public les assure que cette affaire sera terminée sans faute « le *onze du présent mois.* »

Pense-t-on que tout ce *zèle*, tout ce *dévouement* des colons à poursuivre Raymond, venaient de leur amour pour la liberté des noirs? des noirs, dont M. Schœlcher prétend que Raymond était *l'ennemi le plus acharné!* Il faut convenir que ces colons aimaient, eux, bien les noirs, car ils font bien expier à Raymond sa haine pour ses frères. Mais il faut aller jusqu'au bout pour apprécier cet amour des colons pour la liberté des noirs, que Raymond ne voulait pas. C'est encore Garran-Coulon que je vais faire parler :

« Page et Brulley retournèrent au tribunal révolutionnaire; ils allèrent aussi solliciter les juges du tribunal. Quelques jours après, Fouquier-Tinville leur donne l'assurance que l'affaire de Raymond passerait la semaine prochaine; il leur apprit qu'il avait eu du *comité de salut public* un *ordre verbal* de suspendre cette procédure; mais qu'Amar avait fait ordonner, par un *arrêté du comité de sûreté générale*, pris à l'unanimité sur sa motion, que l'affaire de Raymond *passerait de suite.* Fouquier-Tinville ajouta « qu'il désirait avoir l'avis des commissaires sur un travail déjà « fait à ce sujet, et leur donna un rendez-vous pour cela au len- « demain. Ils s'y rendirent effectivement. *Ils travaillèrent avec « l'accusateur public*, relativement à l'affaire de Raymond; mais, « n'ayant pu la terminer, ils furent renvoyés au lendemain, huit « heures du matin. Ils se rendirent à midi au tribunal révolution- « naire, y travaillèrent jusqu'à quatre heures relativement à « Raymond; *ils terminèrent l'ouvrage*, et l'accusateur public « engagea les commissaires à revenir dans trois jours pour en « avoir la solution. » Ces sollicitations ne furent pas les seules qu'ils firent au tribunal révolutionnaire; ils y retournèrent quatorze fois pour le même objet. Enfin, il paraît constant que Page et Brulley mangeaient souvent avec Fouquier-Tinville. Telles étaient du moins les liaisons de leur part avec cet accusateur public du tribunal révolutionnaire, que Bardet-Fromenteau, colon, invitait un autre colon, de la part de cet accusateur public, à déposer dans le procès de Raymond.

« Ces démarches furent encore plusieurs fois répétées contre Raymond auprès de divers membres des comités *de sûreté générale* et *de salut public*. Page et Brulley y dénoncèrent, comme complices de Raymond, quelques hommes de couleur qui avaient présenté une pétition en sa faveur. »

Voilà ce qu'il était bon que l'on sût de Raymond, de Raymond, cet *ennemi acharné des noirs*, et c'est ce que M. Schœlcher n'apprend pas aux jeunes Haïtiens dans son histoire de la *faction jaune*. Je me hâte de dire qu'au moment où la perte de Raymond paraissait le plus assurée, un heureux événement vint le sauver. Page, Brulley et autres colons, furent arrêtés eux-mêmes, par décret de la Convention, à la veille de la réaction qui s'annonçait dans la majorité de cette assemblée, à l'approche du 9 thermidor.

M. Schœlcher me dira peut-être : à quoi bon retracer toute cette histoire que je connais? et qu'est-ce que cela prouve en faveur de Raymond, que j'accuse d'être l'*ennemi le plus acharné des noirs ?*

Voici ce que cela prouve : c'est que, apparemment, vos auteurs favoris, Page, Brulley, Daugy, etc., etc., etc., ne pensaient pas, comme vous, que Raymond fût ni l'ennemi des noirs, ni l'ennemi de la liberté générale. Dès l'instant où Raymond s'était *agité dans un sens* qui devait amener la réintégration des mulâtres et noirs libres dans leurs franchises politiques, il avait porté la hache à l'édifice du vieux système colonial, basé sur *l'esclavage*, parce que, d'après ces Messieurs, et un arrêt rendu par vos hôtes de la Guadeloupe, « *l'expérience* a prouvé que les colonies ne peu-« vent exister sans la juste et sage observation des lois qui *éta-« blissent la distinction des trois classes, distinction créée par la « nature elle-même*, et que *toute théorie contraire à la distinction « des classes* a sa source et ses principes dans les erreurs révo-« lutionnaires qui ont bouleversé la France et les colonies (1). »

Cette distinction était poussée bien plus loin encore; car il n'est pas sans exemple que des ministres de la religion catholique, que des prêtres se disant chrétiens, des apôtres du Christ aux colonies, aient employé, dans la rédaction des actes de

(1) *Arrêt de la Cour royale de la Guadeloupe*, 28 mars 1827, dans l'affaire des déportés de la Martinique.

baptême qu'ils dressaient, des qualifications outrageantes à l'égard des mulâtres. J'ai lu, en parcourant des registres de l'état civil des colonies, et je suis en mesure d'en administrer la preuve, qu'un curé de la Guadeloupe, paroisse des Abîmes, Pointe-à-Pitre, déclarait avoir donné le baptême à plusieurs petits *mulets* et *petites mules* (des mulâtres et des mulâtresses). — Sur les registres de la paroisse du Saint-Esprit, à la Martinique, j'ai lu encore ceci : « ..... a été baptisé René, fils d'une *mule* libre, la nommée « Claire ; le parrain, Pierre René, *métis ;* la marraine, Marie-« Françoise, *mule.* »

Évidemment, ce bon curé de la paroisse du Saint-Esprit, et son vénérable confrère de la Guadeloupe, qui administraient le sacrement du baptême à des *mulets* et à des *mules*, n'étaient pas plus inspirés de l'Esprit saint, qu'ils n'étaient éclairés de ses lumières.

Donc, — *en faisant détruire la distinction* établie parmi ces classes, et en commençant d'abord par les mulâtres et les noirs libres, c'était une révolution à laquelle travaillaient Raymond et ses amis.

Si M. Schœlcher ne croit pas cela, parce que c'est un mulâtre qui le dit, peut-être aura-t-il plus de confiance dans des écrits de Page, Brulley, Daugy et consorts ; alors, je prendrai la liberté de lui dire : Pourquoi n'avoir pas cité aussi ces écrits que vous connaissez, puisqu'ils sont à la décharge de ceux que vous accusez ? Écoutons ces colons :

« Nos possessions (écrivait Daugy à ses compatriotes) se trou-« vent compromises par le décret de l'Assemblée nationale *sur les* « *gens de couleur libres*. Il faut que nous les conservions en dépit « des hommes ou aveugles, ou méchants, ou soudoyés par « l'Angleterre, qui ont fait rendre *ce fatal décret* (1). »

Dans la même lettre, Daugy rappelle les prédictions de Larchevesque-Thibaud et de lui, à leurs compatriotes, au sujet de la loi en faveur des hommes de couleur, et il continue :

« Vous étiez dans l'erreur en taxant d'alarmes fausses et simu-

(1) *Archives du royaume. Colonies.* Saint-Domingue. — *Rapport*, Garran-Coulon, tome II.

« lées les *justes craintes* que nous causaient et le décret du 8 « mars et l'instruction du 28 du même mois. Voilà qu'elle doit « être la base de notre édifice :

« L'esclavage des noirs achetés à la côte d'Afrique, vendus à « Saint-Domingue, et des enfants qui en proviennent, est irrévoca- « blement maintenu dans cette colonie.

« Par suite de la servitude des noirs, le respect imposé envers « les blancs aux affranchis et issus d'affranchis, de quelque cou- « leur qu'ils soient, demeurent aussi irrévocablement maintenus à « Saint-Domingue.

« En conséquence, les affranchis et issus d'affranchis, de quelque « couleur qu'ils soient, demeurent à jamais exclus de toute assem- « blée de blancs, et ne pourront être ni délibérants avec eux, ni « électeurs, ni éligibles (1) ».

Un autre colon écrivait ceci : « En feignant d'embrasser la cause « des gens de couleur, le but était d'établir un moyen de discuter « bientôt la liberté des nègres (2). »

Page avoue dans une brochure que « les colons ont soulevé les « noirs esclaves pour effrayer l'Assemblée constituante et « l'obliger à rapporter son décret en faveur des hommes de « couleur (3). »

Voici comment un autre colon s'exprimait à l'occasion du décret rendu en faveur des hommes de couleur :

« Nos bourreaux, nos assassins, les monstres, qui ont fertilisé « la terre des ossements de nos frères, triomphent donc ! Mon « cœur est pénétré de la plus profonde affliction... *le décret du 24* « *mars est une horreur*, une turpitude... Plus de colonies, *plus* « *d'esclaves*, le décret du 24 mars est un *brevet de liberté* pour « 166,000 révoltés. Ce décret est une monstruosité aux yeux de « la politique ; *c'est un crime* aux yeux de la saine philosophie ; « il coûtera la vie à 40,000 individus (4). »

Ce Colon ne se trompait pas ; le décret du 24 mars a été un

(1) *Rapport*, Garran-Coulon, tome II.

(2) *Archives du royaume*, pièces n. 5, page 5. Convention nationale.

(3) *Essais sur les causes et les effets de la Révolution*, pages 16 et 17.

(4) *Rapport*, Garran-Coulon, tome III.

brevet de liberté pour les esclaves de Sinat-Domingue ; comme les lois d'avril 1833, en faveur des hommes de couleur des colonies françaises, sont des *brevets de liberté* pour mes frères esclaves de ces colonies. Si M. Schœlcher en doute, il peut s'en assurer auprès de ses amis, ses hôtes « bons et généreux » de la Martinique et de la Guadeloupe.

Dans une autre lettre, le même colon, dont je viens de rapporter l'opinion sur le décret en faveur des hommes de couleur, donne plus de développement à ses idées : « le salut de Saint-Domingue, « y disait-il, est impossible si l'on ne prend le parti *d'être juste et* « *sévère envers les mulâtres, en les exterminant ou du moins en* les « déportant dans l'île de l'Ascension (1), près des îles du Prince, « en *Guinée*, en leur fournissant des vivres pour un an, et des in- « struments aratoires ; en leur donnant pour évêque ce *coquin de* « *Grégoire*, et pour maire ce *lâche Brissot.* Ainsi que vous le pen- « sez, on peut encore sauver Saint-Domingue ; mais ce n'est pas « avec *des décrets immoraux*, *impolitiques*, mais avec des *baïon-* « *nettes*. Le système colonial doit changer absolument, et s'écarter « de la constitution française en marchant en sens contraire. J'ai « laissé cette opinion à M. Daugy, il l'a convertie, le 4 avril der- « nier, en motion extraordinaire ; *elle a été vraiment applaudie*, « (applaudie ! comme M. Jollivet, le Daugy de notre époque, *se* « *fait applaudir* dans les brochures qu'il imprime pour publier « les discours psalmodiés par lui devant la Chambre des députés) ; « *mais elle n'a pas passé* (comme les projets de loi dudit sieur Jol- « livet), parce que *l'idée était si grande* que les esprits très-rétrécis « n'ont pas osé s'élever à son niveau (2). »

Lorsque l'Assemblée nationale vota la loi du 4 avril, le surlendemain de la sanction de ce décret, dit Garran, les commissaires de Saint-Domingue à l'Assemblée nationale écrivirent à un de leurs collègues à Bordeaux : « Vous ne connaissiez pas, en écrivant à « Tarbé, le décret du 24 mars ; il a été prononcé à une majorité

(1) C'est la même idée reproduite par M. Schœlcher, page 190 de son volume sur les *Colonies françaises*, où il parle de « *l'inutilité de la race mulâtre*. »

(2) *Rapport*, Garran-Coulon, tome III.

« effrayante, *et nos intérêts sont tellement méconnus* dans cette « assemblée, que depuis longtemps nous avons perdu l'espérance « d'y faire entendre la justice de nos réclamations (1). »

Un procureur de la sénéchaussée de Torbeck, Tanguy-Laboissière, « *célèbre dans les troubles de Saint-Domingue,* » rédigea une adresse, à la nouvelle du décret en faveur des hommes de couleur, afin de chercher à soulever les esprits contre ce décret. En voici quelques passages :

« Des brigands, les hommes de couleur, *fruits de l'incontinence* « *des blancs* et du hasard, *du libertinage* (2), en qui la nature elle-« même a écrit sur leur front le signe visible de cette démarca-« tion, et qui sont trop heureux de tenir des blancs l'existence, « la liberté et les biens, ont payé six millions le décret du 15 mai; « mais ils ne tarderont pas à devenir eux-mêmes victimes par « l'encouragement que le succès de leurs réclamations ne man-« quera pas de donner aux nègres..... Le livre de nos effroyables « destinées est ouvert devant nous ; elles sont gravées sur l'in-« flexible airain en *caractères de sang*. Je n'exagère rien ; nous « marchons sur le bitume, le soufre et le salpêtre : un abîme « incommensurable est creusé sous nos pieds ; la foudre destruc-« tive gronde et roule sur nos têtes ; *les tumultes, les révoltes,* « *les incendies, les massacres* sont les fléaux inévitables lancés « au milieu de nous par un parti frénétique, qui brûle de renou-« veler ici *les scènes horribles d'une nouvelle Saint-Barthélemy.* « Mon œil se remplit de larmes ! mon cœur saigne, et tout mon « corps frissonne des maux que je prévois ! maux inévitables, « maux sans remède, soit que l'on *laisse subsister, soit que l'on* « *retire le décret* du 15 mai. Le *coup fatal est porté* ! Il n'est plus « au pouvoir de la toute-puissante Assemblée nationale d'éteindre « les *torches incendiaires*, d'émousser les *poignards assassins;* « rien ne peut y soustraire, et *la seule faculté qui nous reste est*

(1) *Rapport*, Garran, tome III.

(2) A la page 190 de son volume sur les *Colonies françaises*, M. Schœlcher a reproduit cette phrase par celle-ci : « *Les gens de couleur, fruits du concubinage ou de la débauche, etc., etc.* »

« *de donner ou de recevoir* la mort, qu'on a l'indignité de nous « envoyer (1). »

Tels étaient les cris des colons à la nouvelle de ces différents décrets qui rétablissaient *l'égalité* entre eux et les *hommes de couleur et noirs libres*, premier pas en attendant la liberté générale des esclaves. C'est ainsi que les colons voyaient ces décrets, et ils voyaient bien, car c'est la liberté générale que voulait, avec les amis des noirs, l'Assemblée nationale, la France. Ces colons voyaient, pour me servir encore de leurs propres expressions, « effacer « le caractère distinctif qu'imprime la nature aux termes des « lois sur lesquelles reposent les principes constitutifs du régime « colonial (2). » Et voilà pourquoi, à Saint-Domingue, des colons faisaient mourir sur la roue l'infortuné Ogé, Chavannes et tant d'autres martyrs de la liberté, tandis qu'en France, ces mêmes colons mangeaient avec les pourvoyeurs de bourreaux pour faire guillotiner Raymond. Voulez-vous encore un échantillon du savoir-faire de ces colons, à propos de Raymond? Vous allez être satisfaits.

Dans la correspondance de Brulley, on lit ces différents passages extraits de plusieurs lettres :

« Les Brissot et compagnie *ont bien joué à la main chaude* (3) ; « Saint-Domingue l'apprendra avec plaisir. Mais celui qui les se-« condait dans cette colonie à la destruction des blancs, ***Raymond*** « *n'y jouera-t-il pas? s'il pouvait regarder à la fenêtre nationale* (4), « je crois que les citoyens de couleur l'apprenant, *s'empresse-« raient à se réunir aux blancs.* » Dans une autre lettre, qu'un colon du nom de Fournier, ami de Brulley, lui écrit de Nantes, on peut lire encore ceci : « Je suis toujours avec notre ami Forget, « président d'un bon club sans-culottes, *échauffé et raffermi par « la présence du député Carrier.* Je vois avec plaisir que cette

(1) *Rapport*, etc., etc. Garran-Coulon, tome II.

(2) *Arrêt de la Cour royale de la Guadeloupe*, 28 mars 1827.

(3) Terme d'argot de ces colons pour dire que Brissot et ses amis ont été guillotinés.

(4) Dans le langage d'argot de ces messieurs, *regarder à la fenêtre nationale* veut dire porter sa tête à la guillotine.

« ville se purge, à force, de tous les aristocrates qui l'infestent. « Un bon comité de surveillance, qui y est établi, met, je vous « assure, au pas ceux qui auraient l'intention de regimber. Je « compte sur la promesse que vous m'avez faite de m'instruire « sur ce qui pourrait avoir lieu relativement à nos affaires des « colonies : *les jugements de Raymond et Leborgne* (1) ; jugez avec « *quel plaisir* j'apprendrai *qu'ils auront mis la tête à la fenêtre.* » — Enfin, dans d'autres lettres, un colon, Morel, écrivant à Legrand, autre colon, secrétaire de la commission de Saint-Domingue, lui dit : « On ne pourra sauver cette colonie que par *l'entier* « *anéantissement de tous les hommes de couleur.* » — On trouve encore des plaisanteries épouvantablement atroces dans les lettres de Brudieu et Lignières, écrites à Page et à Brulley (2).

Dans les instructions données par le ministre de la marine et des colonies, Malouet, aux trois espions du gouvernement français envoyés à Haïti en 1814, voici comment s'exprimait le ministre : « Il est raisonnable de supposer que Pétion et Borgella, « satisfaits d'obtenir faveur entière pour eux et pour un petit « nombre des leurs, qui sont les instruments nécessaires, con- « sentiront sans difficulté à ce que leur caste, en acquérant *la* « *presque totalité des droits politiques*, reste pourtant, à quelques « égards, un *peu au-dessous de la caste blanche* ; car, d'une autre « part, l'assimilation totale à eux accordée sera plus saillante et « plus flatteuse ; et de l'autre, leur caste sera d'autant plus as- « surée de maintenir la caste noire libre, et par celle-ci, les « noirs non libres à la distance où il lui importe de les mainte- « nir, qu'elle aura elle-même laissé subsister une petite diffé- « rence *entre elle et les blancs* (3). »

Je ne pousserai pas plus loin ces citations; je crois qu'elles doivent suffire pour l'édification de M. Schœlcher, qui, du reste, connaissait les premiers documents émanés des colons, puisqu'il

(1) Commissaire civil délégué par la Convention.

(2) *Archives du royaume. Pièces manuscrites.* — Garran-Coulon, *Rapport*, etc., etc.; tome IV.

(3) Voyez Instructions du ministre Malouet à MM. Dauxion-Lavaïsse, de Médina, et Draverman.

a puisé à ces sources pour formuler son acte d'accusation contre Ogé et Raymond.

Qu'une voix amie vienne faire diversion à ces accusations, elle tempérera la douleur que la lecture des lignes qui précèdent a dû faire éprouver. Le vertueux abbé Grégoire, ce vénérable ami de la cause des noirs, s'exprimait ainsi en juin 1791, en adressant aux mulâtres et nègres libres de Saint-Domingue et des autres îles françaises de l'Amérique, le décret du 15 mai qui leur assurait l'exercice des droits politiques.

« Dieu, dans sa tendresse, embrasse tous les hommes; son « amour n'admet de différence que celle qui résulte de l'étendue « de leurs vertus. La loi, qui doit être une émanation de l'éter- « nelle justice, pourrait-elle consacrer une prédilection coupable? « et la patrie, qui surveille tous les membres de la grande « famille, pourrait-elle être la mère des uns, la marâtre des « autres?

« Depuis longtemps, la société des amis des noirs s'occupait « des moyens d'adoucir votre sort et celui des esclaves; il est « difficile, impossible peut-être, de faire impunément le bien, « et son zèle respectable lui a mérité bien des outrages..... Rien « n'a pu attiédir votre zèle ni celui de vos frères sang-mêlés, « qui sont à Paris. M. Raymond, surtout, s'est voué d'une ma- « nière héroïque à votre défeuse; avec quel transport vous eus- « siez vu ce citoyen distingué à la barre de l'Assemblée nationale, « dont il mérite d'être membre, présenter le tableau déchirant « de vos malheurs, et réclamer énergiquement vos droits. Si l'As- « semblée les eût sacrifiés, elle eût flétri sa gloire..... »

Après avoir fait le tableau des difficultés qu'il fallait vaincre pour arriver à la réintégration de ces droits, le respectable Grégoire fait entrevoir la déclaration de ces droits comme le précurseur de la liberté générale. Ecoutons encore une fois cette voix amie :

...... « Un jour le soleil n'éclairera parmi vous que des « hommes libres; les rayons de l'astre qui répand la lumière « ne tomberont plus sur des fers et des esclaves. L'Assemblée « n'a point encore associé ces derniers à votre sort, parce que « les droits des citoyens, concédés brusquement à ceux qui

« n'en connaissent pas les devoirs, seraient peut-être pour eux « un présent funeste ; mais n'oubliez pas que, comme vous, ils « naissent et demeurent libres et égaux. Il est dans la marche « irrésistible des événements, dans la progression des lumières, « que tous les peuples dépossédés du domaine de la liberté ré- « cupèrent enfin cette propriété *inamissible.* »

Arrivé à un de ces reproches banals, démentis par les faits, et que M. Schœlcher reproduit encore, le respectable Grégoire s'exprime avec une convenance digne des amis des noirs.

« On vous reproche, plus qu'aux blancs, de la dureté envers « les nègres ; mais, hélas ! *on a répandu tant d'impostures contre « vous*, que, prudemment, nous devons élever des doutes sur « cette accusation. Si cependant elle était fondée, agissez de ma- « nière qu'au plus tôt une médisance devienne une calomnie. »

« Vos oppresseurs, ont souvent repoussé loin des esclaves les « lumières du christianisme, parce que la religion de la douceur, « de l'égalité, de la liberté, ne convenait point à la férocité de ces « hommes de sang. Que votre conduite contraste entièrement avec « la leur ! *Charité* est le cri de l'Evangile ; vos pasteurs le feront « retentir au milieu de vous : ouvrez vos cœurs à cette morale « divine dont ils sont les organes. Nous allons alléger vos peines, « alléger celles de ces malheureuses victimes de l'avarice qui arro- « sent vos champs de leur sueur et souvent de leurs larmes ; que « l'existence ne soit pas pour les esclaves un supplice ; par vos « bienfaits à leur égard, expiez les crimes de l'Europe. En les « amenant progressivement à la liberté, vous accomplirez un « devoir, vous vous préparerez des souvenirs consolateurs, vous « honorerez l'humanité, vous assurerez la prospérité de vos colo- « nies. Telle sera votre conduite envers vos frères les nègres ! Mais « que devez-vous faire à l'égard de vos frères blancs ? Sans doute il « vous sera permis de verser des pleurs sur les cendres de Fer- « rand de Baudières (1), de cet infortuné Ogé *légalement assassiné*

(1) **Ferrand de Baudières**, magistrat irréprochable s'était fait respecter par les blancs eux-mêmes dans l'exercice de ses fonctions de sénéchal au tribunal du Petit-Goâve. Ayant rédigé pour les hommes de couleur une petition, ceux-ci ne demandaient point l'égalité des droits, mais seulement quelques améliorations

« et mourant sur la roue pour avoir voulu être libre; mais, périsse « celui d'entre vous qui oserait concevoir contre vos persécuteurs « des projets de vengeance ! D'ailleurs, ne sont-ils pas livrés à « leurs remords et couverts d'un éternel opprobre ? L'exécration « contemporaine ne devancera-t-elle pas à leur égard l'exécration « de la postérité ?...»

J'ai voulu rapporter ces paroles évangéliques de l'homme religieux, ses conseils à *ses amis*, pour que chacun puisse les comparer aux paroles que nous réfutons et aux conseils qu'aucuns de nos frères ne sauraient agréer. A ces sublimes paroles de Grégoire j'ajouterai celles d'un autre ami des noirs, car elles font connaître l'état des esprits à cette époque sur l'affranchissement des esclaves. Boyer Fonfrède, dans un rapport de projet de décret sur les colonies, disait :

« Des modifications lentes mais nécessaires, pour *changer le sort* « *des esclaves*, peuvent seules assurer le sort des colonies, et nous « savons que, lorsqu'on fait un premier pas vers la liberté après « avoir parcouru la chaîne des calamités qui l'entourent à sa nais- « sance, *il faut arriver un jour aux limites du bien.* »

Enfin, un autre membre de la société des amis des noirs, girondin comme Fonfrède, disait, en parlant des travaux auxquels Raymond s'était associé par ses démarches et par ses écrits, Pastoret, s'adressant à l'Assemblée nationale, disait : «Vos comités « méditent les moyens de couper les dernières racines à l'es- « clavage. »

Partout c'était une seule et même voix, et pas un de ces hommes de bien n'avait imaginé de dire qu'Ogé voulait des franchises politiques pour sa race, mais non la liberté des noirs ; et que

à leur état, et particulièrement la faculté de s'assembler pour envoyer un d'entre eux à l'Assemblée de la province. Cette pétition, conçue dans les termes les plus modérés, excita l'indignation des blancs; on arrêta les porteurs de la pétition, on les força d'en nommer le rédacteur, et Ferrand de Baudières fut traîné en prison avec les pétitionnaires. On instruisit une espèce de procédure. Le président de ce comité d'assassins déclara Ferrand de Baudières coupable. On arracha l'infortuné vieillard de sa prison, et, sans égard pour ses supplications, on fit venir le bourreau qui lui trancha la tête, et elle fut portée dans toute la ville au bout d'une pique.

« Raymond, loin d'être un ami des noirs, *fut, au contraire, leur* « *ennemi le plus acharné.* » M. Schœlcher a recueilli ce propos ; comme je l'ai dit, dans les écrits des adversaires de la cause des noirs qui, suivant les circonstances, accusaient les mulâtres d'être partisans ou adversaires de l'esclavage. Il est resté, pendant et après toutes ces lectures de pièces, pour ou contre, avec cette idée fixe, que les mulâtres, dont il fait une *faction jaune* à Haïti, oppriment les noirs, et, aux colonies françaises, *veulent s'élever jusqu'aux blancs et tenir leurs frères noirs dans l'esclavage.* Il y a injustice pour Haïti et pour les colonies françaises, parce que M. Schœlcher, comme je l'ai dit, est resté la tête pleine de tout ce qu'il a lu sur cette matière ; il n'a pu digérer le vrai, ni se former une idée juste des choses ; il a pris la première venue, et il a écrit toutes les erreurs que je réfute ici. Si l'*historien abolitioniste* avait lu ces quelques lignes que je vais citer de Garran-Coulon, il eût probablement modifié son manuscrit avant de le livrer à l'impression ; mais elles lui sont échappées, malheureusement, comme beaucoup d'autres que j'ai été obligé de lui rappeler. Ces lignes les voici ; elles répondent aux préventions répandues contre les mulâtres :

« Comme beaucoup de Français d'Europe n'étaient pas encore « revenus de *cette prévention contre les mulâtres, si bien calculée* « *pour maintenir l'esclavage des noirs*, un parti puissant se forma « contre les hommes de couleur. L'Assemblée constituante, oc- « cupée d'objets plus généraux, n'eut pas les moyens de démêler « les fils de l'intrigue qui s'ourdissait autour d'elle pour porter « cette grande atteinte à l'égalité des droits (1). »

Ce sont ces préventions qui dominent encore M. Schœlcher, préventions sur lesquelles sont revenus depuis longtemps les esprits élevés, éclairés. L'*historien abolitioniste* en est aujourd'hui où en étaient, il y a 50 ans, ces Français dont parle Garran.

A propos de Raymond, tant attaqué durant sa vie par des colons, jai cité quelques-unes des opinions des amis des noirs ; pour terminer ici ce qui le concerne, je vais transcrire quelques

(1) *Rapport*, etc., etc. Garran Coulon.

passages d'un écrit de M. l'abbé de Cournand, collègue de Grégoire à la Constituante, et membre comme lui de la société des amis des noirs. Raymond avait été attaqué dans une brochure par un colon, M. de Cournand prit la plume et répondit au colon dans ces termes :

« Ose retourner en Amérique avec ton écrit : assemble les « hommes de couleur pour leur lire ce que t'a dicté, contre eux, « ton humeur railleuse et insolente. Ils te croiront un monstre « sorti des enfers pour éterniser sur leur tête la malédiction des « siècles. Tu seras témoin de leur frissonnement et de leurs « sanglots; mais tu n'en seras point touché. Je te devine à ton « style; tu es barbare avec réflexion, et tu triomphes dans ton « âme de les savoir malheureux. De quel air de supériorité tu « insultes à ce Raymond, l'un de leurs plus intrépides défen- « seurs! Ta plus douce jouissance serait peut-être d'avoir con- « tribué à prolonger leurs misères; mais, désespère-toi : leur « cause est trop bonne pour craindre tes coups, et la justice « éternelle conspire avec leurs défenseurs contre ta perversité. « Quel motif peut t'avoir engagé à insulter grossièrement à un « citoyen distingué par son caractère moral, et que tu traites « bassement du *nommé Raymond*, comme si les oreilles fran- « çaises étaient faites à ces appellations insolentes ! M. Raymond, « avantageusement connu à Saint-Domingue, estimé en Europe, « et au moment de voir les hommes libres de sa classe rentrer par « ses soins dans les droits de citoyens, a l'âme trop noble pour « sentir une insulte qui ne déshonore que toi. »

Voilà dans quels termes les amis des noirs, les abolitionistes de ce temps-là, défendaient les mulâtres attaqués par les colons ; ils ne les attaquaient pas, eux, ils les défendaient; parce qu'en défendant les mulâtres, ils défendent les noirs dont ceux-là sont les fils!

IV.

Plus j'avance dans cet examen, plus j'acquiers la conviction que le livre que je réfute ne peut que compromettre les intérêts de la République haïtienne. Il est à regretter que l'*historien philanthrope* n'ait pas jugé à propos, en narrant les faits contemporains, les faits pour ainsi dire actuels, de modifier la forme et le fond de son *histoire;* et qu'il ait cru, lui, travailleur de la dernière heure, devoir conserver ce ton de grand seigneur parvenu qui sied mal à un ami des noirs. Ce n'est certes pas avec ce ton là que l'*historien abolitioniste* parviendra à toucher et à convertir ses *protégés.* Après avoir cherché à flétrir la mémoire d'Ogé, victime des préjugés de couleur, d'Ogé, qui mourut sur la roue, martyr de la liberté ; après avoir peint Raymond comme l'ennemi le plus acharné des noirs, ne voulant pas la liberté de ses frères esclaves. — Raymond, qui échappa si miraculeusement à la guillotine, poursuivi à Paris par les colons. — Après avoir outragé la mémoire de ces deux hommes de bien, il restait à l'*historien philanthrope* à faire le procès à un autre mulâtre, ce mulâtre, c'est l'immortel Pétion. Pétion va être traîné sur la claie pour s'être laissé mourir, comme naguère encore j'ai vu traîner, aux colonies, les accusés ou condamnés qui se suicidaient avant leur jugement ou avant leur exécution.

C'est avec le même esprit d'impartialité, avec tout autant d'injustice que l'*historien abolitioniste* juge tous les grands citoyens que nous honorons parmi les nôtres. Sous sa plume, on ne trouve pas un seul mulâtre qui ait jamais rendu des services à la cause de ses frères ; pas un seul qui soit digne du titre de martyr de la liberté, même en expirant sur la roue. Qu'importe que Brissot, Grégoire, Barbaroux, Garran-Coulon, ces sincères amis des noirs, aient décerné ce titre à une de ces victimes des préjugés, M. Schœlcher est là pour dire aux noirs et aux mulâtres : « Non, vous dis-je, croyez m'en sur parole : ces principaux membres de la société des amis des noirs qui *portaient nom* Grégoire, Brissot, Garran, Barbaroux, *sont gens peu connus* par leur audace révolutionnaire ; malgré leurs titres *d'amis des noirs*, ils ne s'occupaient exclusivement que des mulâtres ; il n'y avait que les plus audacieux qui parlassent d'abolition, et encore ! pas comme moi..... aujourd'hui..... depuis mon article de la *Revue de Paris* de 1830. » — Enfin, c'est en confondant toutes les choses et les personnes, que l'*historien abolitioniste* cherche à tout brouiller de manière à ce qu'il ne soit plus possible d'y rien comprendre, qu'il arrive à Pétion. Par ironie, M. Schœlcher souligne le mot *immortel* dont il fait précéder le nom de Pétion, comme pour nous prouver qu'il a bien profité à l'école de ses hôtes. C'est la seule chose qu'on ne puisse refuser de reconnaître chez l'auteur ; c'est son plus grand mérite comme *historien copiste*.

« De même, dit-il, qu'une histoire falsifiée d'Haïti, donne « Ogé pour le *premier martyr* de l'indépendance, elle donne « Alexandre Pétion comme *le fondateur de la liberté haïtienne*. Le « soin que l'on prend d'amoindrir la part des hommes noirs et « de constituer, au mépris de la vérité, les hommes jaunes « comme les principaux chefs de l'insurrection, mène à prêter « une sorte de légitimité acquise à la prépondérance de ceux-ci « sur ceux-là, et cette perfide méthode n'a eu que trop de succès « au milieu d'un peuple qui ne sait rien. »

Et M. Schœlcher, qui sait tout, même ce qu'il ne sait pas, se charge d'apprendre la vérité au peuple qui ne sait rien. On sait comme il s'y est déjà pris sur ce qui précède, et avec quels auteurs il a travaillé. Voyons maintenant ce qu'il va nous enseigner.

« De toutes les contrées de la terre, dit-il, c'est en Haïti que « Toussaint-Louverture est le moins honoré !... Les mulâtres, qui « ne purent le vaincre, eux qu'il a terrassés et humiliés, eux sur « lesquels il a été obligé de sévir, parce qu'ils se révoltaient « niaisement contre l'autorité d'un *vieux nègre*, sont très-mal- « heureusement parvenus à ternir sa gloire dans son propre pays ; « et M. Beaubrun Ardouin, l'écrivain de la faction régnante, a pu « parler encore du cri universel d'horreur et d'improbation que l'on

« entend *partout* proférer en Haïti contre la mémoire *de cet instru-*
« *ment des colons.* » — M. Nau, qui proclame Pétion un *grand homme*,
« refuse au vieux gouverneur de Saint-Domingue « génie, fermeté,
« et jusqu'à l'esprit d'organisation : Toussaint, sous sa plume,
« n'est qu'un chef irrésolu, perfidement cruel.....» Oui, s'écrie
« M. Schœlcher, « Toussaint-Louverture, ce gouverneur général
« auquel Bonaparte jugeait à propos de faire porter sa démission
« par 26,000 hommes, est représenté ici, tantôt comme un ami,
« tantôt comme un agent des colons, mais toujours disposé à ré-
« tablir l'esclavage. D'un autre côté, on noie à dessein les im-
« menses services de Christophe dans le sang qu'il a versé, et
« Dessalines, seul encore admiré, pour sa vaillance militaire et
« son massacre général des blancs, est rapetissé à la proportion
« d'un homme à qui le pouvoir fit tourner la tête. De là il résulte
« d'une manière bien claire, pour tout esprit un peu logique,
« que les hommes noirs sont parfaitement incapables de tenir les
« rênes d'un gouvernement, et que, conséquemment, ils doivent
« se laisser régir par les hommes jaunes. »

Pour tout esprit un peu logique, il n'est pas clair que les hommes noirs soient incapables de tenir les rênes du pouvoir, ni qu'ils doivent se laisser régir par les *hommes jaunes*, car les faits démentent toute cette amplification de l'écrivain *philanthrope*. Haïti a été gouvernée jusqu'ici par trois noirs et deux mulâtres. Toussaint-Louverture, *noir*, trompé par Bonaparte, qui en fit une victime ; Dessalines, *noir* qui fut renversé du pouvoir par une conjuration de noirs et de mulâtres, lesquels portèrent Christophe, *noir*, à la première magistrature du pays. En même temps Pétion, *mulâtre*, fondant la république et se séparant de Christophe qui se fit roi. Puis, Boyer, *mulâtre*, succédant à Pétion, gouvernant la république et opérant, sous sa présidence, la réunion des royaume et république d'Haïti en une seule et même république, par suite d'une conjuration de *noirs* qui renversa le roi *noir* Christophe de son trône. Enfin, le président Boyer lui-même, renversé par une révolution dont les auteurs sont des *noirs* et des *mulâtres*.

Cette révolution effectuée, les chefs révolutionnaires ont convoqué des comices ; et, le peuple haïtien qui n'est pas seulement *jaune*, a nommé une Constituante qui a entre autres mission celle de donner un premier chef à la république.

La preuve que les rivalités de couleur ne sont pour rien dans les différends politiques des Haïtiens, c'est le choix du bureau de l'Assemblée constituante. Le président, M. Silvain-Hippolyte Gélin, est un noir; le vice-président, M. Ferry, est un mulâtre; deux des secrétaires, MM. Bazin et Damier, sont noirs; les deux autres, MM. Emile Nau et Pontieu, sont mulâtres.

Maintenant, laissons la Constituante élaborer son œuvre : espérons que tout s'accomplira à la satisfaction des Haïtiens et de tous les amis de leur cause, et revenons à la citation que j'ai faite du passage du livre de M. Schœlcher. — Je dis que personne ne conteste à Toussaint-Louverture son mérite, son génie et sa fermeté ; mais on lui reproche d'avoir voulu maintenir les *planteurs blancs* sur leurs habitations, au lieu de les avoir expulsés ainsi que le firent les gouvernements qui lui ont succédé. « Les inspecteurs nommés par lui infligeaient aux noirs des punitions que le maître n'eût plus osé ordonner lui-même, dans la crainte d'exciter une insurrection (1). »

Voilà ce qui a pu faire dire à M. B. Ardouin que « l'on entend « partout proférer en Haïti contre la mémoire de cet *instrument des* « *colons*, un cri universel d'improbation, et que la duplicité de ce « noir célèbre, a été cause de sa fin, toutefois injuste et crimi- « nelle (2) ».

(1) *Précis historique*, par Wallez.

(2) « Toussaint avait confié le commandement de la première division, dite du nord, au général Moyse, son neveu. Ses deux favoris étaient Moyse et Dessalines ; il les avait nommé inspecteurs généraux de la culture dans l'enclave de leurs commandements. Soit que le général Moyse fut moins barbare que le général Dessalines, soit que les noirs du nord fussent moins soumis, la culture n'y prospérait pas comme dans l'Ouest. Toussaint lui en faisait souvent des reproches ; celui-ci, expansif comme un jeune homme, laissait alors percer son humeur. « Quoi que fasse mon vieux oncle, disait-il, je ne puis me résoudre à être le bourreau de ma couleur ; c'est toujours au nom des intérêts de la Métropole qu'il me gronde ; mais ces intérêts sont ceux des blancs, et je n'aimerai les blancs que quand ils m'auront rendu l'œil qu'il m'ont fait perdre dans les combats. » — Pour son malheur plusieurs ateliers, dans les plaines du Limbé, égorgèrent tout-à-coup leurs gérants et les blancs qu'ils purent

Pour Dessalines, voici un décret du gouvernement provisoire d'Haïti, du 21 août 1843, qui répond à cette opinion de M. Schœlcher que « Dessalines est rapetissé en Haïti à la proportion d'un « homme à qui le pouvoir fit tourner la tête. »

« Considérant, dit le décret, que Jean-Jacques Dessalines, pour avoir été le libérateur d'Haïti en brisant le joug avilissant des colons, s'est acquis un droit imprescriptible à la reconnaissance nationale;

« Considérant que les erreurs dans lesquelles s'était jeté cet illustre citoyen ne sauraient jamais effacer du cœur des Haïtiens le souvenir des éminents services qu'il rendit à la patrie, services qui donnent à sa famille des titres à la recommandation publique;

« Considérant que la position de la veuve J.-J. Dessalines réclame en sa faveur,

« Décrète :

Art. 1er. En mémoire de J.-J. Dessalines, il est accordé à sa « veuve une pension viagère de douze cents gourdes, payable par « douzième, de mois en mois, par la caisse publique (1) ».

Le décret, en faveur de la veuve de l'empereur *noir*, est signé par les membres du gouvernement provisoire, MM. Imbert, *mu-*

atteindre. Ce soulèvement inattendu vint aux portes du Cap, et coûta la vie à trois cents blancs; mais comme la révolte n'était point tramée de longue main, et qu'elle dérivait plutôt des dégoûts de la culture que de l'inquiétude occasionnée par les bruits de paix, les nouveaux révoltés furent facilement enveloppés par l'ascendant et l'autorité de Toussaint-Louverture. A son approche et à sa voix ils rentrèrent effrayés dans le devoir. Ils déclarèrent qu'on les avait poussés à révolte, en leur disant qu'ils allaient de nouveau être les esclaves des blancs, et en les assurant que les généraux Dessalines et Christophe y avaient consenti, mais que le général Moyse s'y était refusé.

« Toussaint-Louverture, qui était étranger à cet événement, comprit la juste défiance qu'il pouvait donner contre sa couleur, dans un moment où la paix allait rendre à la Métropole de nouveaux moyens de force et de puissance. —Le général Moyse fut livré à une commission militaire, et fusillé comme *coupable de négligence* dans l'exercice de ses fonctions. — Toussaint, par le sacrifice de son neveu, voulut prouver à la France jusqu'où pouvait aller son inflexibilité. »

(PAMPHILE DE LACROIX, tome II.)

(1) *Patriote* du 31 août 1843.

lâtre; Guerrier, *noir;* Ségretier, *mulâtre;* et Ch. Hérard aîné, *mulâtre.*

Le mérite de Dessalines est apprécié dans ce décret, bien qu'un auteur ait écrit ce qui suit sur la chute de ce vaillant chef noir :

« La mort de Dessalines causa une satisfaction générale au peuple, qui ne pouvait plus supporter sa tyrannie, et cet événement fut très-favorable à la liberté et au bonheur des nègres (1) ».

Quant au roi Christophe, à qui M. Schœlcher donne le nom de « *Caligula noir, cédant à des maladives fureurs de sang, comme on en voit chez beaucoup d'hommes de la race blanche,* » quant au roi Christophe pour lequel l'*historien philanthrope* reproche aux Haïtiens « *de noyer à dessein les immenses services dans le sang qu'il a versé,* » je ne conçois pas bien cette pensée, de *maladives fureurs de sang* et *d'immenses services dans le sang versé.* Le *philanthrope historien* a une manière d'admirer les services de Christophe qui n'est pas du goût des Haïtiens; car apparemment si ces services qu'on *noie aujourd'hui dans le sang versé* par Christophe avaient fait le bonheur de son peuple, le roi Christophe ne se serait pas donné la mort pour échapper à la fureur révolutionnaire de ce peuple. Il se serait laissé tuer pour que son peuple *ingrat* fût chargé du crime de sa mort.

Ce n'est pas ici le lieu de discuter le mérite, ni de faire la critique ou l'éloge de ces hommes célèbres de race noire qui gouvernèrent tour à tour Haïti. Bornons-nous à dire que l'esprit de parti peut faire défendre et soutenir certains hommes et leurs actes, parce que c'est dans notre intérêt politique. Mais, au-dessus de cet intérêt, il y a aussi l'intérêt de l'humanité, et celui-ci ne doit jamais être sacrifié; si du moins, par nécessité politique, on le sacrifie un moment, en vertu de l'axiome : *salus populi,* on ne doit pas ériger en morale, ni donner à l'admiration des peuples ces *maladives fureurs de sang,* ni trouver mauvais qu'*on noie les services,* quelqu'immenses qu'ils soient, *dans le sang versé.* On n'aurait pas dû s'attendre à voir M. Schœlcher, en sa double

(1) *Histoire d'Haïti,* chapitre XII, par Ch. Malo.

qualité de *radical* et de *philanthrope*, blâmer les Haïtiens républicains de noyer les services qu'a rendus un roi dans le sang que ce roi a versé. ***Pour tout esprit un peu logique***, il est clair que ce n'est pas du tout logique, pour un *radical*, ni pour un *philanthrope*.

« Quant à Pétion, dit le *philanthrope*, dont tous les sangs-« mêlés, à quelque parti qu'ils appartiennent, s'accordent à faire « l'Haïtien par excellence, et il y a certes dans ce jugement beau-« coup de *prédilection de couleur*, il n'importe pas ici, pour le « prouver, de raconter sa vie entière, il suffit de rappeler qu'il « avait émigré à la suite de Rigaud, et qu'il était si loin de songer « à devenir Haïtien, qu'après avoir fatigué la Convention, avec « les autres mulâtres émigrés, de ses dénonciations contre les « projets d'affranchissement de Toussaint, il revint dans son pays « à la suite de l'expédition de Leclerc...»

On se demande si c'est là le style de l'histoire ou du réquisitoire; si c'est le *philanthrope historien* qui raconte, ou l'accusateur public (le procureur du roi) qui porte la parole. Et l'on reste étonné que la belle vie de Pétion, ses hautes vertus, n'aient pas arrêté la plume de l'*historien philanthrope*. Il est vrai de dire que M. Schœlcher ne comprend pas que les Haïtiens honorent la mémoire de Pétion, et le présentent comme le *fondateur de la liberté haïtienne*, ni que M. Nau proclame Pétion un *grand homme*, Pétion qui a « assassiné intellectuellement la race noire, » dit M. Schœlcher !!! Mais suivons l'*historien abolitionniste*,

« Pour effacer ces tristes souvenirs de la vie de Pétion, on lui « attribue toujours l'honneur d'avoir été le premier chef qui se « tourna contre les Français, lorsque leurs cruels desseins ne se « dissimulèrent plus ; mais c'est encore *une imagination jaune*... « Pétion, jugeant qu'il n'avait rien à espérer de l'intraitable or-« gueil des blancs, se conduisit avec courage, n'hésita point à se « prononcer *après Dessalines ;* mais cette fois encore, il fut à la « suite... Pétion était bon et admirablement désintéressé. Mais il « fut *mauvais patriote*, lui qui n'avait de bravoure et d'activité « que sur le champ de bataille, lui, trop faible de caractère pour « empêcher le mal ; il prit le gouvernail par vaine ambition, et, « dans ce poste élevé, il ne préféra pas la liberté à lui-même, il

« ne resta pas, plus que les *tyrans* nègres, exempt de l'amour du « pouvoir absolu, et, en dispersant le sénat, en le forçant de s'a- « journer, il jeta la république dans de nouveaux désordres.»

Qu'importe que ce soit Pétion ou Dessalines qui ait pris l'initiative de la défection ; ceci est très-peu important; et, si je relève cette nouvelle erreur de l'*historien*, c'est pour faire remarquer encore une centième fois comment l'histoire est défigurée sous sa plume. Pétion, qui commandait la treizième demi-brigade de l'armée française, devinant les projets odieux des chefs français contre ses frères, sacrifia ses devoirs militaires à des devoirs plus sacrés encore, commandés par l'humanité, par l'amour de la liberté et son dévouement pour tous ses frères de race. Pétion décida Clervaux et Christophe à se retirer avec lui dans les bois; Dessalines les suivit. — Pétion, *mauvais patriote!* lui de qui un écrivain a dit : « La mémoire de cet excellent homme sera tou- « jours en vénération chez le peuple dont il fut le père plutôt que « le chef (1). »

M. Schœlcher cite dans son livre l'autorité du général Pamphile de Lacroix ; eh bien, voici dans quels termes ce général raconte la défection de Pétion, de l'armée française : « Pétion entraîna Clervaux. Cette défection spontanée affecta d'autant le général Leclerc qu'il apprit qu'elle était l'œuvre de Pétion ; il le connaissait homme à ne pas s'être jeté dans le parti des insurgens en étourdi et en désespéré. Le 30 fructidor (16 septembre 1802), à une heure du matin, les rebelles, sous les ordres de Clervaux et de Pétion, réunis aux cultivateurs des environs du Cap, commencèrent leur attaque avec impétuosité. — Christophe, qui était resté neutre pendant tout le combat, partit la nuit de St-Michel pour aller joindre Clervaux. Chacun sait que la défection de Christophe était le signal de la défection générale de la population de couleur. En effet, *elle fut suivie, peu de jours après, de celle de Dessalines* (2). »

(1) *Précis historique*, par Wallez.

(2) *Mémoire pour servir à l'Histoire de la révolution de Saint-Domingue*, par Pamphile de Lacroix, tome II.

Et voilà comment M. Schœlcher écrit l'histoire ! — Mais suivons-le toujours :

« Bien des gens, soit du gouvernement, soit de l'opposition, « qui ne laissent jamais échapper aujourd'hui l'occasion de dire « l'*immortel* Pétion, le *grand* Pétion, furent de ceux qui l'abandonnèrent pour aller joindre Rigaud.

« Quels sont, en effet, les attentats de Dessalines que Pétion n'ait « égalés ou surpassés ? Le mulâtre trompa habilement le goût des « hommes pour la liberté. Voilà tout son avantage sur le nègre ; « mais ce ne sera jamais un titre au respect de la postérité que « d'avoir su revêtir avec adresse le pouvoir absolu de formes « démocratiques. N'est-ce pas par les menées et sous l'inspira- « tion du *fondateur de la république* qu'on revisa, en 1816, la « constitution de 1806. »

Eh ! mon Dieu, M. Schœlcher, ces gens du gouvernement ou de l'opposition d'Haïti sont des hommes ; et par cela seul qu'ils sont des hommes, c'est dire qu'ils ne sont pas parfaits, et que ces hommes d'Haïti ont cela de commun avec les hommes de la vieille civilisation européenne. Votre histoire de France témoigne que bien des gens, soit du gouvernement, soit de l'opposition, n'ont pas, plus que les Haïtiens, laissé échapper l'occasion de dire, l'*immortel* un tel, le *grand* un tel, et puis n'en ont pas moins abandonné l'idole de la veille pour l'idole du jour. C'est l'histoire du monde ; c'est triste, mais qu'y faire ! N'en accusez donc pas les seuls Haïtiens, car ils pourraient vous dire : « aux vertus que vous exigez de nous, pauvres Africains, pour être blancs, connaissez-vous beaucoup de blancs qui soient dignes d'être noirs ? »

Mais ne vous en affligez pas, ô digne *philanthrope !* au milieu même de ces misères humaines, de ce mauvais côté du monde, la vertu a toujours son prix ; la vérité, l'histoire, font justice de tous et de chacun ; la postérité est là pour reviser les faux jugements, comme pour sanctionner les bons. C'est ce qui fait qu'en dépit de M. Schœlcher, et malgré les reproches qu'il adresse à Pétion « d'avoir su, par ses *menées*, revêtir avec adresse le pou- « voir absolu de formes démocratiques ; » la contemporanéité haïtienne a devancé la postérité en décernant à l'immortel Pétion le titre de grand, de père du peuple, et de fondateur de la liberté haïtienne; titres que la postérité confirmera, parce qu'ils sont mérités. Ce sont les Haïtiens du parti du gouvernement et du parti de l'opposition qui portent ce jugement sur Pétion, dites-vous? Eh! que peut-on désirer de mieux que cette unanimité? — Ce que M. Schœlcher entreprend pour le détruire?... Écoutez encore cet *ami* des noirs :

« La gloire dont Pétion est couronné en Haïti a été faite pour « servir les intérêts de sa caste, pour l'opposer à Christophe et « à Dessalines. Le prédécesseur de Boyer, que l'histoire trouve « au nombre de ceux qui *assassinèrent* Dessalines, après lui avoir « offert la couronne impériale; s'il avait été *réellement le citoyen* « *intègre* que l'on dit, n'eût jamais souffert que l'on révisât la « la constitution qu'il avait trouvée bonne pour un autre. Au ré« sumé, celui que *les mulâtres osent appeler le Washington haïtien*, « après *s'être laissé* élire président temporaire trois fois consécu« tives, finit par *accepter* la présidence à vie... Dessalines com« mit le crime de se faire appeler de haute lutte S. M. l'Empe« reur. Pétion se contenta timidement de se faire appeler Son « Excellence le président. C'est peut-être plus adroit, mais c'est « assurément *moins loyal* (1); car, au fond, l'Excellence con« fisque les libertés publiques tout comme la Majesté. »

Je ne sais quelle gloire on a voulu couronner lorsque M. Schœlcher *s'est laissé appeler le Wilberforce de la France*, dans une *Revue* à laquelle il collabore, et si, en *l'affublant* de ce titre, on avait en vue de servir les intérêts d'une coterie, pour l'opposer par exemple au baron de Staël ou à Grégoire. Dans tous les cas, je n'y verrais pas un crime; mais une petite supercherie, une réclame, disons le mot, un *puff*, pour induire en erreur les jeunes Haïtiens *de bonne foi*, qui ne se donnent pas la peine de lire les *œuvres*, « faute d'un mot plus humble, » qu'on adresse à ses hôtes, colons, sous les titres pompeux : *Des colonies françaises.* — *Abolition de l'esclavage.* — *Haïti. Résultats de l'émancipation anglaise.*

(1) C'est sans doute dans le même sens que nous avions employé le mot *peu loyal* dans une de nos brochures, que M. Schœlcher emploie ici le mot *moins loyal*.

Quoi qu'il en puisse être de ces *passe-avants*, que nous avons pris la liberté de contrôler, disons que Dessalines, proclamé empereur, ne commit aucun crime en se faisant appeler S. M., puisque c'est le titre qu'on donne à ces personnages, qu'ils soient noirs ou blancs; et que Pétion, en se faisant appeler, lui aussi, S. Exc. le président, n'a jamais confisqué les libertés publiques, à l'aide de l'Excellence, pas plus que sans elle. De tout ceci, il n'est pas douteux pour moi que *l'historien philanthrope*, avec ses admonestations en forme de conseils *philanthropiques*, pourrait arriver, sans s'en douter, à diviser les Haïtiens en deux camps, *noir* et *jaune*, si la fraternité des enfants d'une même race ne leur commandait tous d'être unis, et de ne jamais oublier ces paroles mémorables du roi noir, Christophe : « *La « cause des Haïtiens des deux couleurs est une et inséparable; leurs « intérêts sont communs, liés d'une manière indissoluble; embar- « qués sur le vaisseau de l'indépendance, il faut que nous le « sauvions tous du naufrage ou que nous périssions avec lui!* » — La pensée qu'exprimait Christophe est celle de tous les Haïtiens de haute valeur (1).

Au lieu de susciter de misérables rivalités entre les *noirs* et les *jaunes*, au lieu d'écrire que « la gloire dont Pétion est couronné en Haïti a été faite pour l'opposer à Christophe et à Dessalines, » que ne rappelez-vous, ô digne *philanthrope!* à ces jeunes Haïtiens, vos *protégés*, *noirs* et *jaunes*, les mémorables paroles d'Henry Christophe, plus dignes de leur belle cause que tout ces écrits de colons, vos hôtes, que vous leur réimprimez : l'œuvre serait plus méritoire et plus philanthropique. Mais, non; *l'historien abolitioniste* aime mieux apprendre aux Haïtiens que :

« Ce qui blesse davantage *l'historien désintéressé* qui *étudie* la « vie de Pétion, c'est qu'il a été *inutile*. Il n'aimait le pouvoir « que pour le pouvoir, et non pour l'employer à de grandes « choses. Il ne faisait rien, et il laissait son peuple ne rien faire... « Dix-sept mois après avoir accepté la suprême magistrature à « vie, le 29 mars 1816, irrité de se voir lâchement trahi par une « femme qu'il méprise sans avoir le courage de la répudier, et

(1) Voyez *Notes finales*, lettres A et B.

« par un homme qui lui doit tout, tout, jusqu'à sa réputation ; « harassé de sa propre indolence, fatigué des intrigues qui l'ob- « sèdent, tombé dans un amer scepticisme, il expire mystérieu- « sement à l'âge de quarante-huit ans, profitant, dit-on, d'une « légère maladie pour échapper aux âcres ennuis de son exis- « tence, en se laissant mourir de faim.

« C'était donc pour goûter quelques jours à peine les misé- « rables plaisirs de la toute-puissance, que *ce père du peuple* lé- « guait à la terre émancipée d'Haïti une Charte devenue la source « principale de tous ses malheurs! »

Pétion a *été inutile!* C'est une répétition de ce qu'a déjà dit M. Schœlcher, au sujet de la race mulâtre tout entière, dans son premier volume des *Colonies françaises*. Si la race mulâtre en général est *inutile*, à plus forte raison un de ses membres ; et le *philanthrope historien* aurait pu se dispenser de cette redite, car nous l'avions parfaitement compris la première fois. MM. tels et tels, les hôtes « bons et généreux » du *philanthrope écrivain*, l'ont compris comme nous ; mais ils sont dans l'heureuse impuissance aujourd'hui de renouveler ces exécutions décennales à l'aide desquelles ils prouvaient *l'inutilité des mulâtres*.

Quant à la cause misérable à laquelle l'*historien* attribue la mort de Pétion, je devrais peut-être ne pas y répondre, autant par respect pour la mémoire de Pétion, que par convenance pour de récentes infortunes qui sont attaquées dans ce passage du livre que je réfute. Cependant je ne puis me dispenser d'opposer à la version de M. Schœlcher celle d'un écrivain impartial : « L'arrivée des derniers commissaires, MM. Fontanges et Esmangart, dit cet écrivain, avait fait une impression profonde sur Pétion. *Son refus* des avantages que proposaient les commissaires laissait peser sur sa tête une responsabilité qui l'effrayait. *Ce refus,* cependant, *partait d'un cœur droit; personne ne l'accusera jamais* d'avoir agi par d'autres motifs que ce qu'il croyait le bien de son pays. Mais, depuis ce moment, il tomba dans un état complet de consomption qui le fit bientôt périr. *Sa mort excita des regrets universels* (1). »

(1) *Précis historique*, par Wallez.

Celui qui a écrit ce passage ne s'est donné à ses lecteurs ni comme *abolitioniste*, ni comme *philanthrope*, ni comme *négrophile*. Je ne sache pas même qu'il ait pris le titre d'*historien*. Il n'en a pris aucun ; mais il s'est contenté d'écrire les faits avec véracité, en rapportant fidèlement les effets à leur cause. — « La nation entière vint lui offrir, continue cet écrivain, le tribut d'une juste reconnaissance ; on prononça dans toutes les communes son oraison funèbre. »

Un autre écrivain a dit, à propos de cette mort prématurée : « Dégoûté des choses de ce monde, il était tombé dans une apathie absolue. Voyant qu'il ne pouvait pas avancer son système politique au gré de ses désirs philanthropiques, il s'est jeté dans le monde imaginaire de Platon, et, dans l'aberration de ses facultés, a pourtant conservé assez de volonté pour se laisser mourir de faim (1). »

Pour terminer sur ce sujet, je reproduis ici un extrait du discours qui fut prononcé aux Cayes par le citoyen Hérard Dumesle, dont le patriotisme n'est suspect à personne. Ce discours réfute complétement tout ce qu'a dit M. Schœlcher sur la vie privée et la vie politique du grand Pétion.

« Heureux, dit Dumesle, le panégyriste qui, dans le recueillement de la douleur, peut adresser ces paroles aux mânes qu'il honore : « La basse adulation n'a jamais souillé mes lèvres ni ma « plume durant ta vie, et l'encens que je viens brûler sur ton « cercueil est aussi pur que ton âme. »

« Avant d'offrir à la mémoire du président d'Haïti le tribut d'éloges et de respects que nous venons lui payer ici, tournons nos regards vers cet arbre sacré, dont les rameaux ombragent les tombeaux des défenseurs de la liberté, et arrêtons-les sur cet autel dédié à la patrie : en les reportant dans ce sanctuaire, consacré au Dieu de l'univers, nous nous sentirons pénétrés d'une émotion salutaire, qui élèvera nos âmes au niveau de celle de ce mortel révéré.

« Il n'est plus, celui qui mérita le titre de Père de la patrie ; celui à qui l'antiquité eût élevé des autels, et auquel la postérité

(1) Pamphile de Lacroix, tome II.

confirmera le titre de *Grand*, que ses contemporains lui ont donné... Pétion n'est plus... et le génie d'Haïti, couvert d'un crêpe funèbre, le redemande vainement au destin. Le philanthrope, le héros bienfaiteur de sa patrie, le législateur qui consacre ses veilles à chercher les vraies sources de la félicité publique, le politique humain, le magistrat intègre, tous sentiront couler leurs larmes au récit de ses vertus et de sa gloire; ils brigueront l'honneur d'imiter un homme qui réunissait toutes les vertus à un degré si éminent; ils regretteront que le ciel les ait fait naître loin du théâtre où s'exerçait son influence, et qu'ils n'aient pu participer au bonheur de vivre sous son gouvernement; ils prendront plaisir à associer son nom à ceux des Titus et des Marc-Aurèle.

« Je ne ferai pas le tableau de toutes les belles actions dont sa vie fut remplie, et qui ont illustré son gouvernement; j'abandonne ces grands traits au pinceau de l'histoire...

« Alexandre Pétion, dès l'aurore de la révolution, montra ce grand caractère qui présagea ses hautes destinées; toujours calme et réfléchi, il n'était pas soumis à l'effervescence des passions qui rendent les grands hommes si souvent inférieurs à eux-mêmes, en leur faisant payer des tributs honteux aux faiblesses humaines... Mânes des guerriers, compagnons de sa gloire, valeureux Ogé, vous quittez un instant l'empire de la mort; vos froides cendres se raniment au sein de vos tombeaux!

. . . .

« Ombre révérée, si tu dédaignas ces lauriers ensanglantés, si la conquête des cœurs te parut le seul triomphe digne de toi, ne crains pas que je profane ton auguste nom, et te ravisse cette gloire pure qui ne coûta jamais de larmes à l'humanité : l'univers la publiera!

. . . .

« Alexandre Pétion fut élu président d'Haïti par le vœu unanime du peuple, vœu que le sénat s'empressa de consacrer. Le premier usage qu'il fit de son autorité fut de ranimer nos institutions, qu'il avait concouru à former, et de leur donner cet essor qui leur a imprimé un caractère de stabilité qu'admireront les siècles futurs. Durant sa présidence, dont le terme fut celui de sa vie, il s'occupa sans cesse à ancrer le vaisseau de l'État au port de la constitution, à faire jouir le peuple de la plénitude de ses droits, à rappeler nos concitoyens des climats de l'Europe, où ils vivaient comme exilés de leur sol natal, à restaurer la morale et l'éducation publique; et, quand toute espèce de gloire semblait se réunir pour couronner ses travaux, et que la renommée annonçait au monde que l'apôtre de l'humanité, son défenseur et son héros, venait de paraître sur notre horizon, il disparaît au milieu de nous!

« O toi qui es ravi à notre amour et à nos vœux, mais dont l'âme sublime s'est élevée vers cette essence divine dont elle émane du sein de l'immortalité, daigne encore fixer tes regards sur nous; couvre-nous de tes ailes protectrices; éclaire celui que tu as désigné pour nous conduire; inspire-lui cet amour de la patrie qui embrasa ton cœur; fais que, comme toi, toute sa sollicitude ne tende qu'au bonheur du peuple, sans lequel ceux qui le gouvernent n'en peuvent goûter de véritables; fais fructifier tes vertus sur cette terre chérie, afin que le voyageur qui y abordera dise, en voyant les heureux effets de ton exemple : « Ici vécut un bienfaiteur de l'humanité; les lois, qui font le bonheur et la grandeur de cette nation, sont dues à son génie. »

. . . .

« Vous, étrangers présents à cette auguste et triste cérémonie, vous direz, en retournant dans vos patries, que vous avez vu la population des Cayes suffoquée par les larmes et anéantie par la douleur, en rendant le dernier devoir à ce grand homme. »

Si M. Hérard Dumesle avait à réfuter aujourd'hui l'opinion de M. Schœlcher sur le grand Pétion, il n'aurait qu'à répéter les paroles éloquentes qu'il prononça, il y a dix-huit ans, aux funérailles de ce père du peuple. — On dirait, en lisant cette oraison funèbre, et en rapprochant le texte, du livre de M. Schœlcher, que l'*historien philanthrope* a pris à tâche d'en reproduire la contre-partie, d'en faire la parodie. Peut-on ainsi se poser contre les sentiments de reconnaissance et la manifestation générale de tout un peuple?...

M. Schœlcher manque vraiment de jugement et de tact politique. Comment! il veut se faire l'*apôtre*, le *patron* d'un peuple, et il commence par blesser les susceptibilités, par s'attaquer à l'objet du culte de ce peuple! Il fait violence aux sentiments, aux affections de la nation dont il veut se faire le *messie;* il froisse les opinions de cette nation, prétendant qu'il est, lui, seul juge souverain, et que sa décision doit l'emporter sur le jugement de la renommée et de la postérité! Voyez : une révolution se tramait en Haïti; en même temps que les chefs du gouvernement établi en appelaient à la mémoire de Pétion pour conjurer l'orage, les révolutionnaires invoquaient les mânes de Pétion pour bénir leurs armes (1)! Le triomphe obtenu, les vainqueurs vont rendre grâces à l'Éternel, et c'est encore les mânes de Pétion qu'ils invoquent, et les vaincus ne cessent d'honorer la mémoire de Pétion! Partout c'est un même cri : Pétion, le père du peuple! A l'installation du gouvernement provisoire, un *Te Deum* fut chanté avec pompe. « La cérémonie terminée, le cortége accompagne les membres du gouvernement provisoire à la maison nationale. Le buste de Pétion, couronné de lauriers, est placé sur le bureau. Les membres du gouvernement reprennent leurs siéges; le citoyen Armand fils (M. Armand est *noir*) prend la parole, et s'écrie : « *Aux mânes du grand Pétion!* » — A ces mots, le citoyen Charles Hérard aîné, l'un des membres du gouvernement provisoire, se lève spontanément, et dit d'une voix fort émue : « Puissions-nous, comme lui, avoir pour nous *Dieu*, « *la liberté et la bonne foi.* »

« A ce grand souvenir, à ce vœu solennel, l'assemblée se retire, vivement impressionnée de cette imposante cérémonie (2). »

Tout cet ensemble, toute cette unanimité commandent le respect à la mémoire de Pétion. Mais M. Schœlcher va nous dire :

« Si les tristesses de sa mort (Pétion), bien faites pour dé- « sarmer, *pouvaient* laisser croire que nous avons jugé *cet homme* « (Pétion) avec trop de sévérité, il suffirait d'entendre les aveux « qui s'échappent souvent de la conscience des *patriotes* de sa « caste, pressés entre l'admiration *convenue* pour l'*indigne idole*

(1) Voyez *Notes finales*, C.

(2) *Procès-verbal* de l'installation du Gouvernement provisoire, (4 avril 1843.)

« (Pétion), et la pudeur politique qui leur arrache la vérité (1). »

Ainsi donc, il y a parti pris chez l'*historien philanthrope*, il y a chose jugée, DE PAR LUI, que les Haïtiens, quoi qu'ils fassent, quoi qu'ils proclament, n'auront jamais à célébrer parmi eux un martyr de la liberté, ni jamais à glorifier la mémoire d'un fondateur de leur indépendance, d'un père du peuple. Tout ce qu'ils *oseront* élever ainsi, avec une *obscure duplicité*, sera toujours l'invention d'une *imagination jaune*. Pétion, *mauvais patriote* de son vivant, ne peut être qu'une *indigne idole* après sa mort. C'est M. Schœlcher qui le proclame ; il ne juge pas *cet homme* avec trop de sévérité, car il a entendu les aveux s'échapper de la conscience des *patriotes* de la caste de *cet homme*. Toute cette admiration pour l'*indigne idole* est chose convenue ; les Haïtiens mentent à leur conscience ; mais la pudeur politique leur arrache la vérité en présence de lui, M. Schœlcher, le *grand historiographe* de leur pays.

Mais le bout de l'oreille se laisse par trop percer, et l'*historien abolitioniste* aura bien de la peine à se défendre du reproche de s'être laissé séduire par ses hôtes des colonies françaises. En effet, comme les colons, systématiquement, M. Schœlcher refuse tout aux mulâtres ; pas un seul n'est digne d'occuper une place dans l'histoire d'Haïti; pas un ne mérite que son nom, sa mémoire, soient honorés, glorifiés par ses frères. C'est au moins un préjugé de couleur, si ce n'est une déférence pour des hôtes bons et généreux.

J'aime beaucoup les rapprochements, et je vais en faire un ici, qui m'est fourni par les deux volumes de M. Schœlcher, sur les *Colonies françaises* et sur *Haïti*. — Je demande pardon, si, pour faire ressortir les préférences, les *prédilections* de couleur de M. Schœlcher, je fais intervenir le nom d'un homme malheureux qui expie la peine d'une téméraire entreprise ; entreprise à laquelle on ne peut refuser, quelle que soit son opinion, du courage et de la résolution. Je veux parler de Barbès. — M. Schœl-

(1) Un ancien colon de Saint-Domingue a dit : « Pétion, chef des mulâtres, « a fait la guerre aux Anglais avec honneur, et il a refusé leurs millions. » (*Des Colonies et particulièrement de Saint-Domingue*, par Malenfant.

cher, dans son premier volume sur les *Colonies françaises*, a rappelé aux colons, ses hôtes, que Barbès est un créole. Pour vanter le patriotisme de ses hôtes, pour leur adresser je ne sais quelles flatteries, M. Schœlcher s'est écrié à la page 244 de ce volume : « L'un des plus *heureux* apôtres de la liberté moderne, Barbès, est un fils de la Guadeloupe ! » — Je le répète, je n'entends nullement insulter au malheur de M. Barbès, en reproduisant la phrase de M. Schœlcher. Jamais je ne m'attaque au courage malheureux, et jusqu'ici, je n'ai, Dieu merci, combattu que les forts et les puissants, et je suis toujours prêt, dans toute circonstance, à tendre la main même à un adversaire qui succombe. — Si donc je rappelle le mot de M. Schœlcher à propos de M. Barbès, c'est pour démontrer d'une manière plus évidente à mes frères *noirs* ou *jaunes*, que les sympathies de M. Schœlcher ne sont pas douteuses ; qu'elles sont en faveur des *blancs* et non en notre faveur, — ce que du reste je trouve très-légitime, puisque M. Schœlcher est *blanc*. — Mais alors qu'il nous laisse dire au moins que *notre malheureux* Ogé est un martyr de la liberté ; que *notre* Pétion fut le père du peuple, puisque nous ne l'empêchons pas de dire, avec ses hôtes, que M. Barbès soit *le plus heureux apôtre de la liberté!*... *heureux!*... ce mot est bien *malheureux* dans la circonstance; *heureux!* pauvre jeune homme!

Si M. Schœlcher tenait tant à faire connaître à ses lecteurs un apôtre de la liberté, né aux colonies, il aurait pu citer le *mulâtre* Delgrès, né à St-Pierre (Martinique), qui se fit sauter à la Guadeloupe en combattant pour la liberté de ses frères *noirs* et *jaunes*, que le premier consul, Bonaparte, remettait en esclavage. M, Schœlcher, qui a si souvent copié certains passages écrits par les adversaires des mulâtres, lorsqu'ils injurient les mulâtres, auraient pu copier, pour faire preuve d'impartialité, ce que l'un de ces plus fougueux adversaires a écrit à propos de Delgrès :

« La Guadeloupe, a dit cet adversaire des noirs et des mulâtres, la Guadeloupe est pleine de souvenirs glorieux ; et *il n'y a pas d'exemple d'une bravoure plus résolue que celle du mulâtre* **Delgrès**, qui, cerné au Matouba, dans une position presque inaccessible, se fit sauter *avec trois cents noirs et hommes de couleur* (1) ! »

(1) *Voyage aux Antilles*, par M. Granier (*de Cassagnac*).

Si M. Schœlcher eût rappelé ce trait héroïque de Delgrès, il ne se serait pas écarté de son sujet, puisque c'est un fait qui se rattache à l'histoire des colonies, et à la *liberté des esclaves* que le *mulâtre* Delgrès défendait; tandis que l'action de Barbès n'a aucun rapport avec la liberté de ses compatriotes colons, qui *ne peuvent être esclaves puisqu'ils sont blancs.*

Maintenant, ce que je refuse obstinément à M. Schœlcher, c'est qu'il soit un historien impartial, un abolitioniste éclairé, et un philanthrope réfléchi; et c'est pourquoi je l'appellerai toujours, afin que les noms lui restent: *historien, abolitioniste, Wilberforce de la France*, comme il appelle Ogé *apôtre de la liberté, martyr de l'indépendance*, et Pétion, *le grand Pétion, l'immortel Pétion, le père du peuple.*

M. Schœlcher doit, d'autant moins, s'étonner de mon argumentation, de ma persistance, de ma *perfide méthode*, s'il lui plaît de l'appeler ainsi, que je ne fais ici que rendre guerre pour guerre, et imiter l'exemple qu'il m'a donné, plus toutefois la vérité historique que j'ai respectée pour le réfuter, en puisant à des sources autres que celles où il a cru devoir s'inspirer pour écrire l'histoire d'Haïti et l'histoire des colonies.

C'en est assez sur ce paragraphe de l'*historien philanthrope*, passons à un autre, qui n'est que le corollaire de tout ce qu'a dit M. Schœlcher jusqu'ici, et vous allez voir que le voyageur *abolitioniste* a fait la plus belle découverte des temps modernes. Ayez la patience de suivre avec moi jusqu'au bout le voyageur *philanthrope*, et écoutez-le dans cette espèce de conclusion de son précédent paragraphe:

« Et maintenant, termine M. Schœlcher, donnons la clef de « tant de *mensonges historiques*, et de l'embarras des hommes sin« cères. — La population de ce pays est malheureusement com« posée de deux classes bien distinctes : les *gens de couleur* qui « sont 60 ou 100,000; les *nègres* qui sont 5 ou 600,000. Or, ce « sont les gens de couleur qui gouvernent; de là leur glorification « au détriment des autres. »

Heureuse conclusion, et bien digne de l'exorde. L'*historiographe d'Haïti* a trouvé, dit-il, la clef de tant de *mensonges politiques*. Sans doute il a trouvé aussi la clef de la vérité historique, car il a donné pour *mulâtre* le général Geffrard, *noir*, qu'il représente envieux, jaloux du pouvoir déféré à un *noir*, et restreignant ce pouvoir par rivalité de *couleur*. Il a donné pour *mulâtre* le général Magny, *noir*, dont il a fait un *traître* et la cause de l'égorgement des mulâtres de Saint-Marc : il a donné encore pour *mulâtre* le général Riché, *noir*, en en faisant un *infâme assassin* de sa femme et de ses enfants, pour plaire au caprice d'un *Caligula noir*, qui n'avait pas demandé un pareil dévouement à son *sujet*. — C'est parce que M. Schœlcher a trouvé la clef de la vérité historique *sous un gros arbre*, à la Martinique, où il *s'abritait pendant un orage*, qu'il a vu *deux classes bien distinctes* en Haïti : les mulâtres et les noirs ; *les mulâtres qui gouvernent au détriment des autres*. — Et l'*historiographe* n'a pas vu un seul noir dans le sénat, composé de vingt-quatre membres, sur lesquels on compte tantôt plus de noirs que de mulâtres, et tantôt plus de mulâtres que de noirs ; il n'a pas vu un seul noir à la chambre des représentants, composée de soixante-dix membres sur lesquels les noirs sont en même nombre que les mulâtres; il n'a pas vu que les électeurs sont noirs et jaunes, et que les noirs sont en une majorité immense. Il n'a pas vu dans l'armée, dans l'administration, un seul chef noir, et cependant l'armée est composée en majorité de chefs noirs; l'*historiographe* d'Haïti, en visitant le palais présidentiel, n'a pas vu que « cet *infâme général mulâtre appelé Riché, un des principaux amis du général Boyer, mulâtre*, que cet *infâme* général est un *noir*. Non : *l'historiographe* était fasciné, il *frémissait avec les honnêtes gens* qui vont au palais *coudoyer l'infâme*. »

Je conçois maintenant le trouble de *l'historiographe*, et ce qui a pu lui faire voir jaune ce qui est noir, et noir ce qui est jaune. Alors, pourquoi se mêle-t-il d'écrire l'histoire d'un pays, puisqu'il ne sait ni les choses, ni les temps auxquels elles se rapportent ; puisqu'il ne sait distinguer ce qui est *jaune* de ce qui est *noir*.

Si tous les faits que je viens de citer ne suffisent pas pour démontrer que *l'historiographe* d'Haïti a tout brouillé, tout confondu, et qu'il n'est pas fondé à établir, comme il le fait, que les distinctions de couleur sont maintenues en Haïti, pour que les hommes noirs se laissent *régir par les hommes jaunes* ; si tous ces faits ne suffisent pas pour démontrer que ces puérilités n'ont aucune valeur politique en Haïti, et que personne ne s'en occupe, que M. Schœlcher et quelques colons (1), on sait pourquoi pour ceux-ci, on ne le sait pas pour M. Schœlcher. — Si, dis-je, ces faits ne suffisent pas, je vais citer une autorité qui aura, je l'espère, quelque valeur pour *l'historiographe* d'Haïti : cette autorité c'est *l'historien* d'Haïti lui-même. Voici ce qu'on lit à la page 228 du livre de M. Schœlcher sur Haïti ; parlant des préjugés de couleur, il dit :

« M. Hérard Dumesle, bien qu'il ne soit pas dégagé d'une *hai-*
« *neuse partialité de mulâtre* contre le chef nègre (Toussaint-Lou-
« verture), a su lui rendre quelque justice. »

Vous voyez que, pour les *besoins de la cause*, M. Schœlcher fait un *mulâtre* de M. Hérard Dumesle. Maintenant poussez un peu plus loin, et lisez à la page 313 du même livre ce qui suit :

« M. Hérard Dumesle appartient à la *classe jaune* ; mais ce
« n'en est pas moins un *vrai nègre* par la couleur et les traits du
« visage (2). »

Quand un écrivain a écrit dans le même livre les deux passages que je viens de citer, il n'a pas le droit de se dire un écrivain sérieux. Son œuvre est jugée, et, avec son œuvre, le mérite et la capacité de l'auteur.

En définitive, la vérité n'est pas là où l'indique M. Schœlcher. La *population* d'Haïti n'est pas *composée de deux classes bien distinctes* (3). Il n'y a de classe distincte par la couleur qu'aux colonies françaises, pays à esclaves. En Haïti, il y a une nation dont

(1) Voyez *Notes finales*, lettre D.

(2) Vallez, dans son livre sur Haïti, dit que « M. Hérard Dumesle est un noir « élevé à la Nouvelle-Angleterre. » M. Schœlcher dit « qu'il appartient à la « *classe jaune*, mais qu'il n'en est pas moins un *vrai nègre*, par la couleur et les « traits du visage. » — L'on voit combien les distinctions de couleur sont absurdes, puisqu'on arrive à des nuances qu'on ne peut plus préciser. M. Schœlcher fait de M. Hérard Dumesle un *noir* qui veut être *jaune*. Comment un écrivain sérieux peut-il descendre à de pareilles puérilités. M. Hérard Dumesle est un Haïtien qui a de l'instruction, du courage, et par conséquent qui vaut mieux que beaucoup de blancs. »

(*Note communiquée par un Haïtien.*)

(3) Voyez *Notes finales*, lettre B.

8

les citoyens sont libres et égaux en droits ; ces citoyens s'appellent *Haïtiens*, comme on appelle *Français* tous les citoyens du royaume de France, encore bien qu'ils soient blonds, blancs, roux, bruns ou noirs. C'est donc mal à propos que *l'historien abolitioniste* s'ingénie à voir à Haïti des *classes noires* et *jaunes* des *nègres* et des *mulâtres*. C'est une réminiscence de ce qu'il a vu à la Martinique et à la Guadeloupe, où ses hôtes lui ont *montré* des *blancs*, des *mulâtres* et des *nègres*, avec *l'esclavage au bout*.

Pour gagner la confiance de ses lecteurs et justifier en quelque sorte ses téméraires jugements, ses ridicules et bien pauvres accusations, empruntées aux adversaires de la race noire, M. Schœlcher emploie, lui aussi, cette *perfide méthode* dont il a tant parlé, méthode qui n'a eu que trop de succès, malheureusement sur les noirs et sur les mulâtres *qui ne savent rien*. Puis il s'écrie, comme auraient eu le droit de le faire Grégoire, Brissot, Lafayette, Staël, s'ils eussent vécu, et comme ne le font pas les Broglie, les Lamartine, les Tracy, les Lainé de Villevêque, les Roger (du Loiret), les Tocqueville, les G. Beaumont, les Georges Lafayette, les G. Larochefoucauld, les Gasparin, les Rémusat, les Gatine, les Dufau, les Desades et autres amis des noirs, dont la modestie égale le dévouement, M. Schœlcher s'écrie :

« Nous avons fait nos preuves ; on sait notre *vieille* et profonde « *sympathie* pour la race africaine. Nous ne saurions donc être « accusé de vouloir allumer de mauvaises passions, réveiller de « vieilles haines, et nous pouvons parler sans crainte d'être mal « jugé (1). »

Hélas ! cette *vieille* et profonde *sympathie* ne date pas déjà de si loin, car, sans remonter à l'article de la *Revue de Paris*, que j'ai cité plus haut, et dans lequel M. Schœlcher dit « qu'il ne voit pas plus avec personne la nécessité *d'infester* la société, déjà assez mauvaise, de plusieurs millions de brutes (*les nègres*), décorés du titre de citoyens, qui ne seraient en définitive qu'une

(1) Voyez *Notes finales*, lettres B. et D.

vaste pépinière de mendiants et de prolétaires. » — Que tous ceux qui ne pensent pas comme lui, c'est-à-dire ceux qui «veulent l'émancipation des noirs, actuelle et spontanée, parlent et agissent dans un esprit d'humanité ; mais, soit *ignorance*, soit entraînement, ils ne tiennent pas compte des difficultés insurmontables.» — Et enfin, « c'est faire du sentiment en pure perte, que d'envisager la question autrement » que lui, *philanthrope abolitioniste*. Sans remonter donc à l'époque de 1830, où M. Schœlcher exprimait en ces termes sa *vieille et profonde sympathie* pour les *nègres*, on pourrait encore lui demander si cette vieille sympathie date de 1833, à l'époque où il publiait son *Code noir*, dans la brochure intitulée : *De l'Esclavage des Noirs et de la Législation coloniale*. Dans ce *Code noir*, parodié du Code de Louis XIV, *l'historien philanthrope*, disait aux colons : « *Nous* CONSENTONS *à ce que vous possédiez encore des noirs pendant* SOIXANTE ANS ; *nous ne vous enlevons pas le moyen de les utiliser*, et, PAR RESPECT POUR VOTRE PROPRIÉTÉ, *nous vous* PERMETTONS *un châtiment* (*le fouet*), *vous pouvez maltraiter un esclave jusqu'à un certain degré. Nous* MAINTENONS *le fouet par respect pour le droit du maître*, parce qu'en l'enlevant au propriétaire, il ne pourra plus faire travailler. »

Et puis, M. Schœlcher, qui à cette époque avait plus de sympathie pour les libres que pour les esclaves, décrétait dans son *Code noir* « qu'*à l'avenir il est interdit de faire subir à la liberté les affronts de l'esclavage*, » — c'est-à-dire qu'on n'infligerait pas le fouet aux personnes libres.

Mais, soit ignorance, soit entraînement, M. Schœlcher décrétait une niaiserie ; car, aux colonies françaises, pour lesquelles M. Schœlcher législatait, les personnes libres n'avaient jamais été placées sous le régime du fouet. Et c'est avec de semblables connaissances en histoire, que *l'historien abolitioniste* a écrit sur Haïti et sur les colonies.

Revenons à la *vieille et profonde sympathie* de M. Schœlcher, et tâchons d'en trouver l'origine ; ce ne sera pas bien difficile, car elle ne se perd pas dans la nuit des temps.

Je crois pouvoir démontrer, pièces en mains, que cette origine ne date que de 1838 ; c'est l'époque où M. Schœlcher fit ses preuves en faveur de la race africaine; ces preuves consistent dans un mémoire déposé à la *société abolitioniste*, pour concourir au prix légué par l'abbé Grégoire, consacré à couronner l'auteur du meilleur mémoire qui trouverait « *les moyens d'extirper le préjugé injuste et barbare des blancs contre la couleur des Africains et des sangs-mêlés.* » Je défie M. Schœlcher de montrer d'autres *preuves* plus anciennes. Je vais plus loin : ces *preuves* ont cessé d'exister depuis que, revenant de son voyage aux Antilles, M. Schœlcher a demandé pardon à Dieu et aux colons, en déclarant dans son volume sur les *Colonies françaises*, que ce qu'il avait écrit précédemment sur les *horreurs* de l'esclavage pour faire ses preuves n'*était pas exact* et qu'il «*avait été trop loin.*» M. Schœlcher n'avait pas dépeint la centième partie des souffrances de l'esclave.

Cette précaution oratoire, qui termine le paragraphe en question, et où il est dit qu'on ne saurait être accusé de vouloir allumer de mauvaises passions et réveiller de vieilles haines, ne saurait servir d'excuse à l'auteur. Les mulâtres et les noirs des colonies françaises diront avec les Haïtiens si les écrits de M. Schœlcher peuvent *allumer de mauvaises passions*, s'ils peuvent *éveiller de vieilles haines* (1). Qu'il ait la patience d'attendre, et avec lui tous ceux qui pensent comme lui.

M. Schœlcher finit par donner quelques conseils aux Haïtiens, mais des conseils qui ne peuvent produire aucun effet, par le ton de violence et de supériorité qu'il prend pour parler à ces *gens*. Après avoir semé la division, *l'historien* se demande :

« Qui faut-il accuser de cette scission ? Ne sont-ce pas les sangs-« mêlés qui en sont les vrais coupables ? N'était-ce pas à eux à « dissiper les ténèbres, puisqu'ils étaient les plus éclairés, puis-« qu'ils avaient le pouvoir en main ? Pourquoi existe-t-il deux « couleurs aujourd'hui qu'ils commandent, quand, au jour des « batailles, la nation ne faisait qu'une grande armée de frères ? » Et puis, après avoir adressé cette question aux Haïtiens, sans attendre la réponse, prévoyant bien qu'on va lui dire : « c'est vous,

(1) Voyez *Notes finales*, B. et D.

grand philanthrope, qui nous divisez par caste *jaune* et *noire*, nous ne savons ce que c'est; vous avez importé cela chez nous de vos colonies à esclaves...» M. Schœlcher s'exclame!

« Vous reconnaissez donc deux castes? à vous le CRIME! il ne devait y avoir ici qu'un peuple.»

Certainement, dans un pays où règne la liberté de la presse, chacun a le droit d'exprimer sa pensée, et d'écrire de mauvais livres comme celui que je réfute. Ce droit, c'est celui de M. Schœlcher, comme de chacun; M. Schœlcher en a usé largement, et personne n'a le mot à dire. Mais s'ensuit-il, parce qu'on a le droit d'exprimer sa pensée dans de gros volumes, qu'on doive faire divorce avec la raison, et imposer ses travers à la société à laquelle on s'adresse?

Eh bien! mes frères Haïtiens, permettez-moi de répondre encore pour vous à M. Schœlcher, et de lui demander quel est votre *crime*. Comment! lorsqu'il s'agit du CRIME des colons, du *crime* de l'esclavage, du *crime* des blancs qui tiennent aux colonies françaises, dans les fers de la servitude, des milliers de nos frères, M. Schœlcher manque d'éloquence pour flétrir ce *crime*; il n'en trouve que pour l'excuser, pour rendre hommage à la *bonté* et à la *générosité* des *maîtres* de nos frères. Il absout ces maîtres du *crime* de l'esclavage; ils n'en sont pas responsables, dit-il, car ils souffrent tous d'un ordre de choses qu'ils n'ont pas créé, et ils veulent tous l'abolition de l'esclavage. Voilà le langage de notre accusateur, lorsqu'il s'agit de ses hôtes «bons et généreux» des colonies françaises.

Et maintenant, lorsqu'il s'agit de tristes divisions de partis politiques en Haïti, divisions qui n'ont pas pour motif les préjugés de couleur, ces préjugés créés par les blancs, les blancs que M. Schœlcher excuserait, s'ils étaient encore les maîtres en Haïti; divisions mal expliquées sous la plume de M. Schœlcher, qui a rapporté des Antilles, où il fut hébergé par les blancs, tous les préjugés de ceux-ci contre nous; voilà M. Schœlcher qui retrouve son éloquence, et qui rejette sur des frères de même race, que la nature a faits d'une autre couleur, le *crime* des blancs qui nous avaient divisés, le crime des colons qui, pour soutenir un odieux système, avaient combiné des lois pour nous tenir dans l'ignorance et l'abrutissement, tout en nous recommandant respect et dévouement sans bornes pour leurs personnes.

J'en appelle à tous les hommes de bonne foi, de l'argumentation de M. Schœlcher. C'est à eux de prononcer. Dites si les blancs des colonies françaises, absouts par M. Schœlcher du crime de l'esclavage et de ses tristes conséquences, les mulâtres d'Haïti peuvent être accusés avec justice, avec équité, avec bonne foi, des funestes conséquences de l'esclavage et des tristes rivalités de castes que peint M. Schœlcher avec une exagération qui n'existe que dans son esprit.

Encore un dernier rapprochement puisé dans les ouvrages de M. Schœlcher, et qui vient à l'appui de mon raisonnement :

Dans le précédent volume sur les *Colonies françaises*, à l'occasion d'un crime commis et avoué par un colon blanc de la Guadeloupe, M. Schœlcher s'exprime ainsi, page 34 de ce livre :

« Douillard Mahaudière, riche, estimé, tenant par sa nombreuse « famille et ses relations à tout ce qu'il y a de plus estimé dans « la Guadeloupe, est un homme *bon*, *généreux et d'une charité* « *inépuisable*, etc., etc. »

Cet homme *bon*, *généreux et d'une charité inépuisable*, avait détenu dans un cachot, espèce de *Tumulus*, pendant vingt-deux mois, une de ses esclaves dont il avait abusé, *en vertu du droit du maître*, en en faisant sa concubine. La justice du pays de cet homme *bon*, *généreux et d'une charité inépuisable*, l'a acquitté, parce que cet homme est venu soutenir à l'audience, en présence de ses amis (qui faisaient semblant de le juger), qu'il a agi dans son droit de maître, et qu'il était surpris que le ministère public osât trouver criminel un fait aussi simple. M. Schœlcher assistait à ces débats, il a été témoin des aveux de l'accusé soutenant son droit de maître sur son esclave. Mais, comme je l'ai dit, les amis de cet homme l'ont acquitté, aux applaudissements des hôtes de M. Schœlcher!... Respect donc à la chose jugée, malgré l'aveu du crime!... Et cet homme est proclamé *bon*, *généreux et d'une charité inépuisable*, dans le livre de *l'historien abolitioniste*.

Maintenant, dans le volume *sur Haïti* (quoique je l'aie déjà dit, je le répète encore), voici ce qu'on lit à la page 153 :

« Un général mulâtre, pour obéir à Christophe, tua de sa propre « main sa femme et ses enfants... Christophe lui-même eut si « grande horreur de cette férocité, qu'il creva un œil à son gé- « ral en lui donnant un coup de canne. — Cet *infâme*, « appelé Riché, est aujourd'hui un des principaux amis du général « Boyer. »

Cette accusation, comme on sait, est *encore une imagination blanche*, car ces faits sont controuvés, ainsi que je l'ai déjà dit; et, cependant *l'historien philanthrope* n'a pas hésité à qualifier *infâme* le général *mulâtre appelé* Riché, lequel mulâtre est un noir, qui n'a jamais commis le crime dont on l'accuse.

Voilà où l'on arrive cependant lorsqu'on n'a pas des idées arrêtées sur une question, et qu'on se laisse séduire par les adversaires de la cause que l'on croit défendre. Passons :

« C'est encore le *grand* Pétion, dit M. Schœlcher, qui fut le « créateur du funeste système sous lequel la république « languit aujourd'hui. Au lieu de lutter contre Christophe par « de meilleures institutions, il trouva plus facile d'attirer le « peuple à lui par la perspective du *far niente*. Pendant que le « roi du Nord usait de moyens *violents et barbares* pour mettre « un frein à l'indiscipline, réprimer le vol, rétablir la culture, « relever les ruines, fonder des manufactures, couvrir son royaume « d'écoles gratuites, Pétion opposait la fausse liberté du désordre « à ce despotisme de fer, qui du moins organisait. »

Il faut que la manie d'accuser soit poussée bien loin chez *l'historien philanthrope*, pour qu'il arrive à reprocher à Pétion de n'avoir pas usé de moyens *violents et barbares*, pour maintenir la discipline dans la république, et employé un *despotisme de fer* pour organiser son pays. Mais M. Schœlcher parle pour parler; il va jusqu'à dire que, « dans les querelles entre noirs et jaunes, « Pétion donnait toujours raison au noir. » — Sans doute c'était dans un intérêt de caste, pour *opprimer* les noirs, les *amoindrir* et prêter une sorte de *légitimité acquise à la prépondérance* des *jaunes* sur les noirs, que Pétion, mulâtre, donnait raison aux noirs, dans leurs querelles avec les *jaunes.* — « Non, c'était pour « *démoraliser les noirs*, vous dit M. Schœlcher, pour leur faire ou- « blier la couleur des hommes qui se glissaient tortueusement à « leur tête. » O raisonnement admirable !

Mais laissons là tout ce pathos de *l'historien d'Haïti* pour citer quelques passages du livre d'un écrivain qui s'est occupé plus sérieusement que lui, par ses travaux philanthropiques, de la question de l'abolition de l'esclavage, et plus particulièrement de l'instruction du peuple : « L'organisation, dit cet écrivain, l'organisation des districts soumis au gouvernement de Pétion, quoique différente et plus simple (que celle de Christophe) n'était pas moins bonne. Il *n'institua pas de noblesse*, mais il établit la même hiérarchie militaire et administrative, et *donna un soin particulier à l'instruction publique* (1). »

Un autre historien a dit : « Dans le royaume de Christophe, presque tout est monopole, tandis que, dans la république, une espèce de loi agraire détermine le partage des biens. Chaque grade, chaque fonction, chaque autorité a le droit de demander au gouvernement, en toute propriété, la cession d'un certain nombre de carreaux de terre, tandis que dans le royaume, le roi, par le seul caractère de sa puissance absolue, s'est trouvé maître de toutes les propriétés vacantes (2). »

Fidèle au système des colons, *diviser pour régner*, M. Schœlcher a opposé partout le noir au mulâtre, admirable procédé *philanthropique* pour civiliser un peuple; pour harmoniser, pour consolider un gouvernement jeune encore ; et surtout pour venir après rappeler aux Haïtiens, « qu'il est encore bien des hommes *noirs* et bien des *hommes jaunes esclaves* aux colonies françaises, et que l'on regarde ce que fait Saint-Domingue affranchie pour savoir s'il n'est pas dangereux de les émanciper. »

La mission d'un ami des noirs, d'un philanthrope, eût été, si les choses étaient telles que l'a chanté M. Schœlcher, de prêcher

(1) *Histoire d'Haïti*, chapitre XII, par Ch. Malo.

(2) *Mémoire pour servir à l'histoire de la Révolution de Saint-Domingue*, tome II, par Pamphile de Lacroix.

l'union, l'harmonie, la paix, et engager à l'oubli du passé, au lieu de dire : « La conduite que les mulâtres avaient tenue au « commencement de la révolution était encore présente au sou- « venir des masses nègres et les rendait ombrageuses ; Pétion « les démoralisa pour leur faire oublier la couleur des hommes « qui se glissaient tortueusement à leur tête. » — Ce langage, n'en déplaise à M. Schœlcher et à *ses quelques* partisans, n'est pas celui d'un ami des noirs ; les colons n'en ont jamais tenu d'autre.

Opposant Christophe à Pétion, M. Schœlcher dit :

« Christophe, doué d'un grand esprit d'organisation, se mit « aussitôt à l'ouvrage, et s'occupa de rétablir dans son gouver- « nement l'agriculture et l'industrie, la police et l'instruction; il « cherchait à attirer auprès de lui beaucoup d'étrangers, *pourvu* « *qu'ils ne fussent pas Français* (ce qui aurait fait écarter « M. Schœlcher, à moins qu'il prit nom Wilberforce), et il s'était « entouré d'Anglais auxquels il demandait des conseils et des « modèles. »

« Pétion prit une route tout opposée, mais non moins funeste (d'accord pour funeste, parce que cette route opposée permettait à M. Schœlcher, eût-il *pris nom* Perrinelle ou Bovis, de visiter la république et de se rembarquer tranquillement avec ses *notes* pour la France ou les colonies.) « Pétion, afin de créer des par- « tisans et d'attirer à lui les masses, flatta le goût de paresse « commun à tous les hommes, et surtout à d'anciens esclaves; il « laissa le peuple faire à sa fantaisie. D'un autre côté, il fut loin « de se montrer aussi *indifférent au pouvoir absolu* qu'il affec- « tait de l'être. — La constitution de 1806 avait de véritables « tendances démocratiques; elle annihilait comme il convient à « tous les pouvoirs actifs de la présidence. — Pétion se trouva « trop à l'étroit dans ce pacte fondamental auquel il avait tra- « vaillé, lorsqu'il le croyait destiné à enchaîner un autre que lui. « Il lutta d'abord contre le sénat, qui voulait le contenir dans les « limites de ses fonctions ; et, deux ans s'étaient à peine écoulés, « que le sénat était dispersé et Pétion maître de la république. « — Quatre ans après, il *se laissa élire* une troisième fois prési-

« dent. — En 1816, il fit reviser la Constitution de 1806 par une « Convention qui le nomma président à vie, et il avait à peine « ainsi légalement concentré toute puissance dans ses mains « que, le 29 mars 1818, il mourut sans laisser un seul acte « qui le puisse faire juger pour autre chose qu'un *ambitieux fai-« néant.* »

Le discours de M. Hérard Dumesle, que j'ai reproduit plus haut par extrait, répond d'une manière péremptoire à ces reproches adressés par M. Schœlcher à Pétion. « Pétion fut nommé par acclamation, président de la république (1). » Et celui que tout le monde est convenu d'appeler en Haïti le grand Pétion, l'immortel Pétion, le père du peuple, après sa mort, ne peut pas être le grand coupable que M. Schœlcher a représenté dans son livre. Pétion, toute sa vie, était animé du bien-être de son pays, de sa prospérité. Et c'est à cause de cet amour de la patrie que les Haïtiens lui confièrent la présidence à vie. Voici dans quelle circonstance :

La paix générale venait d'être proclamée par toute l'Europe; les Bourbons restaurés sur le trône de France. Des commissaires furent envoyés en Haïti, pour traiter avec les chefs qui gouvernaient ce pays. Des propositions insidieuses furent faites par les commissaires aux chefs d'Haïti, au nom du gouvernement français. Ces propositions pouvaient flatter l'amour-propre d'un *ambitieux fainéant;* elles se réduisaient à ceci :

« Que le président d'Haïti reconnût et proclamât la souveraineté du roi de France; que le président, assisté des principaux chefs de la république, imitassent la conduite qu'avaient tenue les Français lors de la déchéance de Napoléon; qu'ils constituassent un gouvernement provisoire d'Haïti, au nom de S. M. Louis XVIII, et qu'ils arborassent le drapeau *blanc* (2). »

Le commissaire du roi de France promettait à Pétion et à ses collègues de nobles et honorables distinctions, des dignités, des

(1) *Précis historique,* par Wallez.

(2) *Correspondance* de Dauxion Lavaïsse avec le président Pétion (9 novembre 1814).

récompenses, s'ils acceptaient ces propositions. Il ajoutait que les progrès des lumières avaient détruit en France les anciens préjugés, et que le petit-fils du bon Henri IV, Louis XVIII, *semblable à la divinité dont il était l'image*, portait une égale affection à tous ses sujets sans distinction de couleur. Le commissaire du roi de France terminait par ces paroles :

« Combien je serais heureux si les vues paternelles de notre excellent souverain font quelque impression sur l'esprit et les cœurs des chefs et des habitants d'Haïti ! Si elles pouvaient les conduire à arborer de leur propre mouvement l'oriflamme de la fidélité, avec quel bonheur, avec quelles larmes de joie, je m'empresserais *de me mettre sous les ordres* du chef actuel du gouvernement d'Haïti, de lui offrir de me ranger parmi les chefs militaires et de les embrasser comme mes camarades et mes frères d'armes (1). »

Le président Pétion répondit à cette missive du commissaire du roi de France par une lettre pleine de dignité et de noblesse ; rappela au commissaire l'histoire du passé, cette « expédition de cannibales, où les colons et les Français rivalisaient à l'envi dans la soif ardente du sang des malheureux Haïtiens. » Les Haïtiens, traînés dans les prisons flottantes, qualifiées du nom *d'étouffoirs*, suffoqués, noyés ou pendus, baïonnettés, brûlés, dévorés par les chiens dressés à cet horrible manége, pour les plaisirs et les délassements de Leclerc, de Rochambeau et de ces colons propriétaires. La désertion générale des Haïtiens dans les bois pour se soustraire à la mort. Enfin, la résolution que prirent les Haïtiens, aidés de Dieu, et de leur persévérance, de repousser les Français. Le président Pétion terminait ainsi sa lettre :

« A l'évacuation de l'armée française, nous sommes rentrés dans les villes : tout était détruit ; il a fallu tout revivifier. Nous parlera-t-on de nos crimes, de notre vengeance ? Qu'on lise l'histoire de nos malheurs, et que l'on nous juge : j'ai vu, je crois, quelque part, dans les annales lugubres du monde, que, dans les

(1) *Correspondance* de Dauxion Lavaïsse avec le président Pétion (9 novembre 1814).

pays où régnait l'esclavage, quand les esclaves pouvaient parvenir à briser leurs chaînes, ils en forgeaient des armes contre leurs oppresseurs; c'est ce que nous avons fait. Nous nous sommes donné une constitution, des lois fixes et positives; depuis onze années, nous nous dirigeons nous-mêmes; les cadres des emplois sont tous remplis par des Haïtiens régénérés; nous avons une armée, notre pavillon a flotté et a été respecté sur les mers.....

« Je demanderai si nous pouvons rétrograder; si nous pouvons nous départir des avantages précieux que nous nous sommes procurés; de la liberté, dans toute l'étendue de sa signification; de l'égalité parfaite de nos droits, et de la garantie que nous tenons par les armes qui sont dans nos mains (1). »

Petion, tout aussitôt, convoqua les premières autorités de la république, au Port-au-Prince, pour leur communiquer les propositions du commissaire du roi de France; le résultat de cette assemblée fut tel, que le commissaire dût prendre ses passe-ports à la réception de la missive qui le lui faisait connaître.

Plus tard, voici encore dans quels termes Pétion répondait à d'autres commissaires du gouvernement français, chargés de pareilles missions :

« Nous nous reposons sur la justice de notre cause, sur la pureté de nos intentions; nous ne pensons pas que l'Europe s'arme contre nous parce que *nous voulons être libres, sous la seule forme* qui puisse nous assurer de l'être.

« Si vos pouvoirs n'ont pas la latitude nécessaire pour vous permettre de traiter sur la base que j'ai eu l'honneur de vous proposer, ou que vous ne jugiez pas convenable d'en faire usage dans cette circonstance, je dois vous prévenir que je ne crois pas devoir correspondre plus longtemps avec vous sur l'objet de votre mission. Quelque événement qui en résulte, je n'aurai pas à me reprocher d'avoir négligé la plus petite occasion pour procurer la paix et le bonheur à mes concitoyens; comme je me

(1) *Correspondance* de Pétion avec Dauxion Lavaïsse, commissaire de Louis XVIII, (12 novembre 1814).

montrerai toujours digne de leur confiance en faisant respecter leurs droits et leurs priviléges jusqu'à mon dernier soupir, sans m'écarter des principes que j'ai toujours professés (1). »

Les commissaires, à la réception de cette dépêche, firent connaître l'*ultimatum* du roi de France. « Il serait déclaré, disaient-ils, que l'esclavage est aboli à Saint-Domingue (il n'y avait plus d'esclaves depuis que les maîtres en avaient été chassés) ; que les droits civils et politiques seraient accordés à tous les citoyens comme en France ; que l'armée serait maintenue sur le pied où elle se trouve aujourd'hui : les officiers généraux, les officiers supérieurs et particuliers seraient confirmés par le roi, et jouiraient des mêmes traitements, honneurs et distinctions dont jouissent les armées du roi de France ; que le roi n'enverrait jamais de troupes européennes à Saint-Domingue : le président de la république, les sénateurs conserveraient leurs prérogatives, et le sénat ses attributions ; que le président actuel serait nommé gouverneur général de la colonie ; le commandant général de l'armée serait nommé lieutenant général au gouvernement : ils conserveraient l'un et l'autre les pouvoirs qui se trouvent aujourd'hui dans leurs attributions (2). »

Dans la dépêche du président Pétion, en réponse à la note des commissaires français, voici dans quels termes Pétion mit fin à toutes négociations établies sur des bases qui ne pouvaient être celles des Haïtiens :

« Si les expressions du serment que j'ai prêté à la nation n'étaient pas aussi profondément gravées dans mon âme, je n'aurais qu'à les relire pour me convaincre que j'ai fait mon devoir, et que c'est sa volonté bien déterminée que je vous ai annoncée, en vous disant qu'*aucun changement d'État n'était admissible.*

« C'est au nom de la nation, dont je suis le chef et l'interprète, que je vous ai parlé. Je ne compromettrai jamais sa souverai-

(1) *Correspondance* de Pétion avec MM. Esmangart et Fontanges (2 novembre 1816).

(2) *Correspondance* des Commissaires MM. Esmangart et Fontanges avec le président Pétion (10 novembre 1816).

neté, et ma responsabilité est de me conformer aux bases du pacte social qu'elle a établi. *Le peuple d'Haïti veut être libre et indépendant; je le veux avec lui :* voilà la cause de mes refus, de ma résistance. *Pour changer d'institutions, c'est la nation qui doit se prononcer, et non le chef* (1). »

C'est dans le cours de cette négociation, dont le but principal des commissaires français était de faire rentrer la république haïtienne sous la souveraineté du roi de France, qu'eut lieu le renouvellement du serment d'indépendance, et l'installation de Pétion à la présidence à vie; présidence que le sénat, par son décret du 9 octobre 1816, venait de conférer à cet illustre citoyen.

Les commissaires du gouvernement français s'éloignèrent du territoire de la république le 9 octobre, ne voulant pas être les témoins d'une fête qui devait leur laisser peu d'espoir de succès. La cérémonie d'installation eut lieu le 10 : cette cérémonie avait fixé le sort de la république. Les commissaires ne revinrent au Port-au-Prince que le 23 octobre.

Ainsi donc, le plus beau titre de Pétion à l'estime de ses concitoyens est considéré, par M. Schœlcher, comme une usurpation. — Comment Pétion a-t-il usé de cette présidence à vie? Pour déclarer aux commissaires français que « c'est au nom de la nation, dont il est le chef et l'interprète, qu'il a parlé; qu'il ne compromettra jamais la souveraineté d'Haïti; que sa responsabilité est de se conformer aux bases du pacte social établi par la nation; que le peuple d'Haïti veut être libre et indépendant; que, *pour changer d'institutions, c'est la nation qui doit se prononcer, et non le chef.* »

Il faut convenir que jamais usurpateur n'a été moins *ambitieux* que Pétion, et que la nation haïtienne ne pouvait confier ses destinées à un chef moins jaloux du *pouvoir absolu.*

Maintenant, je vais laisser parler un écrivain que j'ai cité déjà plusieurs fois. — Ce qui va suivre réfute complétement le parallèle

(1) *Correspondance* de Pétion avec MM. Esmangart et Fontanges (10 novembre 1816).

que le *radical philanthrope* a voulu établir entre le royaume de Christophe et la république présidée par Pétion :

« A dater de 1811, on voit la civilisation faire des progrès rapides à Saint-Domingue : Christophe et Pétion paraissent s'être appliqués *tous les deux* à encourager l'industrie, la morale et les sciences dans leurs domaines respectifs, en même temps qu'ils se disposaient à défendre leur liberté et leur indépendance. — Christophe et Pétion s'appliquaient, chacun de leur côté, à encourager l'agriculture dans leurs États respectifs (1). »

Plus loin, le même auteur s'exprime ainsi :

« Dans la partie du sud (le gouvernement de la république présidé par Pétion), le gouvernement était doux, policé ; le peuple s'était donné des lois sages qu'il suivait ponctuellement ; on respirait dans ce pays l'air de la vraie liberté ; le peuple était bon, l'autorité paternelle.

« Dans la partie du nord, au contraire, Christophe était devenu, depuis quelques années, barbare et despote. Véritable chef tunisien, il faisait tuer un homme aussi facilement qu'un chasseur abat une pièce de gibier. Son peuple était malheureux, tout en se croyant libre, alors qu'il se trouvait réellement plus esclave qu'il n'avait jamais été. Christophe avait fait construire une citadelle à laquelle il donnait le nom de citadelle Henry : il s'y trouvait des cachots comme à l'ancienne Bastille de Paris. Il n'était pas étonnant que les soldats, fatigués d'être les suppôts de sa tyrannie, désertassent ses drapeaux et passassent journellement sous ceux de la république. En mars 1819, Christophe avait fait arrêter tous les hommes de l'équipage d'un bâtiment, sous prétexte qu'ils étaient Français, et conduire à sa citadelle, où les infortunés demeurèrent plongés jusqu'à ce qu'enfin une révolution, occasionnée par ses violences, vînt les rendre à la liberté (1). »

Le *Wilberforce français* doit regretter de ne s'être pas trouvé parmi ses compatriotes arrêtés à bord de ce navire ; car l'occa-

(1) *Histoire d'Haiti*, chapitre XIII, par Ch. Malo.

(2) *Histoire d'Haiti*, chapitre XIII, par Ch. Malo.

sion eût été belle pour lui de se *laisser* proclamer *apôtre*. On eût dit alors : « *L'un des plus heureux apôtres de la liberté moderne, notre Wilberforce, est un fils de France !* »

Enfin, le général Pamphile de Lacroix a dit aussi :

« Le gouvernement de la république imaginé par Pétion est moralement mieux établi, parce que la propriété a été plus divisée et qu'il y a plus de points en contact entre l'autorité et l'obéissance, conséquemment un plus grand nombre d'intérêts au maintien du régime actuel et d'opposés à la domination absolue. »

Terminons les citations par un passage du livre de M. Ch. Malo : ce passage prouvera bien mieux que je ne le puis faire ce que *l'historien philanthrope* entend par le *despotisme de fer* de Christophe, de Christophe se mettant à *l'ouvrage* et s'occupant de fonder son royaume.

« Les cachots de Christophe étaient bâtis sur le plan du célèbre Blackhole de Calcutta. *Les hommes les plus vigoureux y perdaient l'usage de leurs membres en vingt-quatre heures, et l'on survivait difficilement au quatrième jour.* On calcule que cinquante mille personnes *ont perdu la vie* dans sa forteresse, et qu'*il en est mort trente mille de fatigue et de faim aux travaux publics* (1). »

Les amis de l'humanité, les vrais amis des noirs et de l'abolition de l'esclavage, apprécieront par ces faits le mérite des reproches adressés par M. Schœlcher à Pétion, et la valeur de l'imputation faite à la *faction jaune* de vouloir régir les noirs, en les démoralisant « pour leur faire oublier la couleur des hommes « qui se glissent tortueusement à leur tête. »

Un fait plus éloquent répond à cette injuste accusation de l'écrivain *philanthrope* :

Les sujets du roi Christophe, fatigués d'être sous son joug, renversèrent le royaume *noir* et se joignirent à la république *jaune !*... Mais *l'historien abolitioniste*, que rien ne déconcerte, qu'aucune preuve ne peut convaincre, adresse néanmoins cette apostrophe à sa *faction jaune* :

(1) *Histoire d'Haïti*, chapitre XIV, par Ch. Malo.

« Ayez donc, vous, hommes *jaunes*, le courage d'abandonner « les rênes, puisqu'il vous est impossible de conduire le char. « Songez que vous ne pouvez jamais rien faire de bien, et que « toute action énergique que vous voudrez exercer pour relever « le peuple noir avili, serait considérée par lui comme un acte « d'oppression de l'aristocratie mulâtre et le mènerait à la ré- « volte. Tant que le gouvernement normal d'Haïti, un gouver- « nement de majorité, c'est-à-dire un gouvernement noir, ne « sera pas établi, la république vivra d'une vie précaire, fausse, « misérable et sourdement inquiète. Laissez venir un nègre et « tout change de face. Il peut attaquer les vices de front sans « rien craindre, il peut agir avec vigueur ; car les masses ne « sauraient avoir contre lui les défiances toujours éveillées qu'il « vous faut redouter, les susceptibilités qu'il vous faut ména- « ger. »

Je n'ai rien à répondre à cette apostrophe, parce que les Haïtiens ne connaissent ni *aristocratie mulâtre*, ni *gouvernement normal noir ;* et puis, ces vœux de *l'historien abolitioniste* étant un non sens, politiquement parlant, dans un pays où tous les citoyens sont libres et égaux en droits, où les citoyens ont le droit d'élire qui bon leur semble à la présidence de la république, où personne n'est exclus, où tout le monde vote, les vœux de *l'historien abolitioniste* peuvent être classés dans la catégorie des vœux très-innocents d'un Français qui viendrait vous proposer d'élire pour roi de France un Français blond *ardent*, plutôt qu'un Français *brun*. L'apostrophe de M. Schœlcher n'a pas plus de portée que cela.

Maintenant, laissons là les vœux de *l'abolitioniste philanthrope;* les Haïtiens aviseront, et ce qu'ils feront sera accueilli avec acclamation par tous leurs frères de race, à quelque pays qu'ils appartiennent, parce que seuls les Haïtiens sont compétents pour élire leur premier magistrat.

Concluons et faisons connaître notre conviction profonde sur le livre de M. Schœalcher.

Les esprits les moins préoccupés de la question d'Haïti et des colonies doivent être frappés, comme moi, du danger que présente le livre de M. Schœlcher; ils doivent être convaincus, comme moi, que ce livre est un élément de discorde propre à diviser les enfants de la même famille; que l'esprit en est mauvais, le fond et la forme détestables, par conséquent dangereux pour des frères qui ont besoin de l'union pour être forts.

J'ai examiné scrupuleusement tous les passages de ce livre que j'ai réfutés ; j'ai comparé toutes les pièces, j'ai procédé avec conscience; sans talent il est vrai, mais avec bonne foi, et ma conviction s'est fondée. Je déclare que le livre de M. Schœlcher sur Haïti, offre pour ce pays le même danger que le premier volume sur les colonies françaises offre pour ces possessions à esclaves : *Diviser les noirs et les mulâtres, favoriser la force et la puissance des blancs* à l'aide de cette division.

En conséquenee :

Sur mon honneur et ma concience, devant Dieu et devant les hommes, ma conviction est :

NON, M. Schœlcher n'est pas l'ami des noirs ;

NON, M. Schœlcher n'est pas l'ami des mulâtres ;

NON, M. Schœlcher n'a aucune sympathie réelle et sincère pour eux.

Cette conviction est un acte de foi, et rien ne pourra me l'ôter, à moins qu'il ne m'arrive de faire abnégation de ma raison et de renoncer aux plus vulgaires notions du sens commun.

Maintenant, il reste deux questions à se faire :

La première : M. Schœlcher a-t-il, en écrivant ses livres, agi avec discernement ? — Je ne sache pas qu'il ait moins de seize ans.

La seconde : — c'est la question intentionnelle, — l'intention de M. Schœlcher ne me regarde pas; elle regarde sa conscience, elle regarde Dieu !

NOTES FINALES.

Depuis que M. Schœlcher a écrit son livre, une révolution s'est faite en Haïti ; c'est aujourd'hui un fait accompli. Le Gouvernement, à la tête duquel était le général Boyer, présidant la République, a été renversé, et un gouvernement provisoire établi tout aussitôt, a convoqué une constituante qui doit fonder la nouvelle constitution et indiquer le mode à suivre pour se donner un nouveau chef.

Je n'ai pas à m'occuper, dans cet écrit, de ce qui a rapport à cette révolution, car ce serait m'écarter du sujet que je traite. Si j'en fais mention ici, c'est pour constater un fait qui prouve contre les inductions qu'en a tirées M. Schœlcher de ses *observations* sur les différentes tentatives d'insurrection faites en Haïti, avant cette révolution. M. Schœlcher a créé un *parti noir* et une *faction jaune* en présence; un parti noir composé de 5 à 600,000 hommes, contre 60 à 100,000 hommes jaunes. Ceux-ci amoindrissant ceux-là pour les régir. Le parti noir mécontent, disant à « *ceux à qui il livre sa pensée* » : « Pourquoi la classe « jaune remplit-elle les principales fonctions? Pourquoi elle seule tient-« elle les clefs du pays? Nous sommes une immense majorité dans la « nation, en très petite minorité dans les charges publiques; la pro-« portion ne se rétablit que dans les geôles. » — Et après cette confidence faite, sans doute, par le *parti noir* à l'*historien philanthrope*, le *philanthrope* de s'écrier : « Et toutes les conspirations qui éclatent « sont des conspirations noires! »

Eh bien! le fait accompli de la dernière révolution est la preuve la plus claire du monde que l'*historien* n'a pas été bon juge, ni bon observateur, qu'il n'a rien compris de ce qu'il a vu en Haïti; car celui qui était à la tête du gouvernement était un *mulâtre*, et ce n'est pas par le *parti noir* de M. Schœlcher que ce gouvernement a été renversé, mais par le concours des Haïtiens, *noirs* et *jaunes*. La proclamation suivante du général Lazarre fait connaître que les conspirations sont comprimées par les noirs et par les mulâtres, qu'elles soient *jaunes* ou *noires*.

A.

PROCLAMATION.

Au nom du Peuple souverain.

LAZARRE (1).

Général de division, commandant l'arrondissement de la Grand' Anse et l'armée expéditionnaire du Sud.

« Haïtiens !

« Le gouvernement, dépositaire de votre confiance et de vos vœux, vient de vous donner une nouvelle preuve que la raison, la tolérance et la liberté, ces saintes promesses de notre révolution, sont désormais les principaux moyens qui doivent guider le peuple haïtien vers les hautes destinées que la providence lui réserve.

« Au moment où les égarements les plus déplorables allaient renouveler en notre malheureuse patrie les scènes désolantes qui lui ont coûté tant d'infortune et de sang, le gouvernement a daigné fixer ses vues sur moi pour ramener la concorde et l'union dans les enfants d'Haïti. Il a voulu que je vinsse au milieu de vous, escorté de cette force et de cette puissance qui ne peuvent en aucune circonstance lui manquer contre ceux qui tentent de rompre cette précieuse harmonie si indispensable à notre indépendance, en même temps qu'il m'a prescrit de me faire précéder de la voix de la paix et de la raison dont le langage ne peut être sans empire sur des hommes libres.

« Mon cœur a été agité des plus poignantes souffrances en voyant la malheureuse population des Cayes, divisée en deux camps opposés, prête à livrer encore ce pays aux terribles convulsions où des frères du même sang, des enfants de la même cause, des Haïtiens, hélas! méconnaissant les liens les plus sacrés de la nature, se disposaient à consommer dans le plus criminel massacre la ruine de la nationalité haïtienne.

« J'ai accompli les vues du gouvernement qui veille avec tant de sollicitude sur votre avenir. Au milieu de cette exaspération, de ce fa-

(1) Cet honorable général est *noir*.

natisme implacables auxquels vous vous abandonniez, je n'ai point voulu trouver de coupables parmi vous; je n'ai point voulu que nous eussions à déplorer la moindre goutte du sang haïtien ; j'ai jeté un voile sur toutes les erreurs ; je n'ai vu en vous que des frères égarés; je vous ai rapprochés ; j'ai voulu que la sainteté du temple de Dieu, la voix édifiante de ses ministres, vous pénétrassent du plus profond remords, et ensemble nous avons été nous prosterner au pied des autels du Très-Haut, et remercier sa toute-puissance d'avoir fait descendre dans nos cœurs sa bienfaisante lumière en ramenant parmi nous cette paix et cette concorde sans lesquelles le nom haïtien s'effacerait à jamais du rang des nations.

« Pouvez-vous, en effet, oublier, Haïtiens, qu'il y a quarante ans à peine qu'un despotisme impie nous ravalait aux conditions les plus abrutissantes; que les chaînes de l'esclavage nous condamnaient à la plus cruelle abjection,tandis qu'un fouet déchirant arrosait impitoyablement ce sol de notre sang? Avez-vous cessé de frémir de ces potences, de ces bûchers, de ces fosses ardentes où vos pères ont expiré dans les supplices les plus affreux? Non Haïtiens, ces époques de deuil et de crime ne peuvent s'effacer de notre souvenir, elles se perpétueront sans cesse dans notre mémoire, elles reviendront sans cesse sous nos yeux avec leurs sanglants tableaux. Craignons qu'elles ne reparaissent encore dans notre beau pays; tremblons de souffrir des mêmes martyres par lesquels nos pères ont succombé...... Aurez-vous donné au monde entier l'exemple de la plus glorieuse émancipation pour vous replonger vous-même dans l'infâme esclavage dont vous vous êtes si noblement lavés. Vous êtes les hommes les plus libres du monde, car aucun peuple n'a conquis sa liberté plus héroïquement que vous. Savez-vous comment vous avez conquis cette liberté? — Vous l'avez conquise en vous unissant, en vous resserrant, en ne faisant qu'un faisceau, qu'un peuple de frères; vous ne maintiendrez cette précieuse liberté qu'à ces mêmes conditions. Et du jour où vous serez assez aveugles pour tourner contre vous-mêmes des armes fratricides, sachez-le bien, l'esclavage reparaîtra sur vos plages avec son horrible cortège et vous imposera encore ses chaînes, ses fouets et son infamie.

« Organe de votre sage et bienveillant gouvernement, j'ai prononcé le mot amnistie, je vous ai renvoyés tous à vos travaux. Soyez reconnaissants envers le gouvernement du grand acte de clémence qu'il vient d'accomplir envers vous; sachez vous rendre dignes de ses bontés; ayez confiance en ses actes, efforcez-vous par vos nobles travaux et les productions de notre sol si fertile, d'attirer en notre pays les ressources et les richesses du commerce, faites en sorte que le gouvernement n'ait point à l'avenir à appesantir sur vous le glaive de la loi, dont-il n'a point voulu vous frapper en ce jour.

Persuadez-vous qu'il n'y a sur la terre d'Haïti que des Haïtiens; que le règne de la liberté, de l'égalité ne peut être une illusion; que vos droits et vos garanties trouveront toujours la sauve-garde la plus assurée dans le gouvernement qui vous dirige. Pénétrez-vous éternellement de cette maxime : *l'union fait la force*, et que cette profonde vérité soit le gage indissoluble de votre liberté, de votre indépendance, de votre bonheur et de votre nationalité.

« Vive la souveraineté du Peuple !
« Vive l'Indépendance !
« Vive la Liberté et l'Egalité !
« Vive le Gouvernement Provisoire !

« Donné au quartier-général des Cayes, le 17 août 1843, an 40 de l'Indépendance, et le 1er de la Régénération.

LAZARRE.

Par le général :

Le chef d'escadron, aide-de-camp,

Antoine LAFOREST,

B.

LETTRE D'UN CITOYEN D'HAÏTI, AU **JOURNAL LE MANIFESTE** (1).

Avant qu'on eût imaginé par ***philanthropie*** de diviser la nation Haïtienne en ***parti noir*** et en *faction jaune*, les citoyens de cette république signaient leurs noms sans désignation de leur couleur noire ou mulâtre. Aujourd'hui, pour protester contre ces prétendues divisions, les Haïtiens ajoutent à leur signature la couleur de leur peau, afin

(1) *Manifeste* du 17 septembre 1843.

qu'on sache bien que, *jaunes* ou *noirs*, ils repoussent toutes incitations qui tendent à les désunir. Voici, à ce sujet, ce qu'écrit un Haïtien *noir* :

« *A M. le rédacteur du* MANIFESTE.

« Tous les citoyens haïtiens jouissent de la plus entière liberté ; il y a égalité complète pour tous ; les esclaves même qui mettent le pied sur ce territoire participent à ces droits précieux, dans leur plus grande intégrité.

« Les noirs et les jaunes d'Haïti n'ont qu'un ennemi commun : les blancs. Ceux-ci seuls les qualifient de nègres, et suivent envers eux, dans notre beau pays, cette politique contre laquelle nous devons éternellement nous prémunir et nous garder : la politique de diviser pour régner.

« Division de caste, c'est-à-dire, nous entre-déchirer pour livrer ce pays à nos anciens oppresseurs. Je crie infamie, égoïsme, ambition, scélératesse, ignorance sans borne, contre les Haïtiens, quelle que soit leur couleur, qui rêvent à un préjugé si absurde et veulent descendre si bas par leur pusillanimité.

« J'entends avec douleur qualifier de division de caste les rêves insensés d'une faction criminelle de noirs, qui ne reculent point d'horreur à l'atroce pensée de l'égorgement de leurs frères jaunes. Le public a pu les juger : c'est, à peu d'exceptions, le ramassis de la plus crasse canaille de notre ville. Mais les noirs sensés ont le cœur ulcéré de ces criminelles tentations.

« Les journaux sont les sentinelles de toutes les nations civilisées ; les Haïtiens ont le droit de s'adresser à eux et de recourir à la voie de la pétition pour se plaindre de tous les abus, de tous les mauvais systèmes qu'ils pourraient remarquer en notre société. Ce droit ne leur est point contesté ; ils aimeraient mieux se faire broyer que de le voir mettre en doute. Ceux qui, avec des libertés semblables, s'organisent en bande, se mettent les armes en main pour la réclamation de prétendus droits chimériques, ne chérissent point la liberté et ne sont rien moins que des pervers.

« Il est temps que nous nous rallions, que nous nous resserrions pour conserver cette liberté que nos frères nous ont léguée au prix de tant de sang, et nous défendre contre des adversaires qui ont les yeux fixés sur nos fautes et sur nos divisions. Il est temps aussi que nous tournions notre attention vers le travail, cette source de nos prospérités ; que nous fassions un faisceau de frères, plutôt que de songer à déchirer notre malheureuse patrie.

« Les mulâtres, disent les mal-intentionnés, veulent vendre le pays aux blancs. Erreur, grande erreur; ils ne sont pas si fous, car ils se vendraient eux-mêmes, ils vendraient leur dignité, leur indépendance et leur liberté, ils retomberaient dans la classe des parias et des ilotes — et noirs et jaunes ont prouvé qu'ils ne veulent pas de cela. Ensemble, ils se sont levés pour la liberté, ils ont combattu ensemble toutes les tyrannies; qu'ils restent donc toujours coalisés, serrés en masse, pour combattre toutes les tyrannies, blanches, jaunes ou noires, qui essaieraient de les opprimer.

«VERTUS FRÉDÉRIQUE, *citoyen noir.*»

C.

EXTRAIT DU MANIFESTE SIGNÉ AUX CAYES LE 1er SEPTEMBRE 1842, PAR LES CITOYENS QUI ONT FAIT LA RÉVOLUTION D'HAÏTI, DU 27 JANVIER 1843.

Les conjurés, en prêtant serment, invoquent les mânes d'*Ogé*, de *Chavannes*, de *Pétion*, de *Magny*, de *Geffrard*, tous Haïtiens célèbres, mentionnés défavorablement par M. Schœlcher, dans son livre. La conclusion de ce manifeste est ainsi conçue :

« Très chers concitoyens,

« Le triomphe est infaillible, quand on a pour soi la raison et le bon droit : il suffit de vouloir fortement et avec courage.

« Les convictions sont les mêmes partout, les volontés doivent être unanimes. De Samana à la Gonave, de la Béate à la Tortue, les esprits se sont parlé, ils se sont compris. L'âme ne faillira pas. L'amour de la patrie, cet amour électrique, fera vibrer toutes les cordes dans les cœurs des descendans des OGÉ, des CHAVANNES, des PÉTION, des MAGNY, des GEFFRARD, des VANCOL, des WAGNAC, des DAVID-TROY, des JUAN-SANCHEZ, de ces illustres fondateurs de notre liberté et de notre indépendance, qui nous regardent du séjour éternel.

« Entendons à la fois les accents qui échappent des tombeaux de nos frères et les cris qui partent des berceaux de nos enfants!...

« Frères et amis! sur le sol natal, sur le sol de la liberté, l'hydre de l'esclavage ose encore montrer sa tête hideuse, quand, sur le sol étranger, sur le sol de l'esclavage, la race africaine ne rêve la liberté et le bonheur qu'à l'ombre des rameaux du palmier d'Haïti!...

« Haïtiens! la patrie est en danger, son salut est entre nos mains. Unissons nos cœurs, joignons nos bras; soyons prêts, s'il le faut, à repousser la force par la force... La victoire, ou le sang des ennemis de notre cause mêlé au sang de nos amis!...

« La liberté ou la mort!...

« Fait aux Cayes, le 1er septembre 1842, an 39 de l'indépendance d'Haïti.

« *Le Chef d'exécution*, C. HÉRARD, aîné.

« *Le Président du Comité*, HÉRARD DUMESLE.

« *Les Membres du Comité*, PILORGE, P. U. LEDOUX, D. PHILIPPE, J. B. LACROIX.

« *Les Secrétaires Rédacteurs*, LAUDUN, F. R. LHÉRISON, THOMAS PRESSE. »

D.

La lettre suivante nous a été adressée par un Haïtien, *jaune*, à qui nous avions communiqué le manuscrit de cette réfutation.

Paris, 10 décembre 1843.

« *Monsieur Bissette*, à Paris.

« Je vous remercie beaucoup, Monsieur, de la communication que vous m'avez donnée de votre manuscrit; j'ose vous assurer que mes concitoyens *noirs* et *jaunes*, comme on nous désigne, vous remercieront aussi d'avoir relevé les nombreuses erreurs du livre de M. Schœlcher sur Haïti.

« Dans les temps ordinaires, il eut été indifférent que ces erreurs allassent augmenter le nombre des mille et une autre publiées journellement sur Haïti; car les Haïtiens se méfient de tout conseil renfermant des germes de discorde, qu'ils partent de leurs amis ou de leurs ennemis. Mais dans le moment où la république est agitée par les suites d'une révolution, il est dangereux de laisser à quelques mécontents, comme on en voit partout, la ressource de raisonnements spécieux, appuyés de l'autorité d'un abolitioniste, autorité dont ils pourraient faire un mauvais usage.

« Homme de la *nuance jaune*, je dois vous dire, pour me prémunir contre toute accusation de partialité, qu'élevé au milieu de jeunes condisciples jaunes et noirs (parmi ceux-ci deux siégent aujourd'hui à l'assemblée constituante d'Haïti, lesquels ont été mes répétiteurs au lycée national), j'ai été habitué à ne faire aucune différence entre l'homme noir, jaune ou blanc. Cependant, je fais une énorme différence des deux hommes que je viens de citer, et de beaucoup de mes concitoyens, lorsque je les compare à un grand nombre d'hommes *blancs* qui ont eu au foyer de la civilisation européenne autant de moyens de développer leur intelligence, que ceux-là en ont eu peu de développer la leur, et cette différence est en faveur de ces noirs.

« Ainsi, à part quelques hommes qui ont vécu sous les préjugés de colons, à part quelques ignorants, la séparation dont parle M. Schœlcher n'existe pas plus entre les mulâtres et les nègres élevés aux mêmes écoles, qu'elle n'existe ici entre les hommes bruns du midi et les blonds du nord.

« En effet, conçoit-on qu'un enfant, de quelque couleur qu'il soit, habitué à se laisser dominer par un autre plus intelligent, plus instruit que lui, puisse plus tard le considérer comme lui étant inférieur, parce qu'il aurait la peau d'une couleur plus ou moins foncée. Je le demande aux nombreux condisciples du jeune Girard (mulâtre), lauréat deux fois au concours universitaire de Paris? Non : la supériorité que donnent le savoir, la science, le génie, conserve toujours son empire, qu'elle soit sous une enveloppe noire, jaune ou blanche.

« Ce sont là, j'ose l'affirmer, les idées de tous les Haïtiens, quelque soit leur couleur, que l'on voit confondus à l'assemblée constituante, aux comités municipaux, etc., etc., et que leurs concitoyens viennent d'appeler par leurs libres suffrages à les représenter pour leurs talents, et nullement par rapport à la nuance de leur peau.

« Agréez, etc. »

LAFORESTERIE.

E.

Malgré les 150 millions d'indemnité, l'acte de reconnaissance de l'indépendance d'Haïti produisit une profonde tristesse chez les colons des Antilles françaises. Voici ce qu'un employé du gouvernement de la Martinique écrivait à cette occasion à un colon, M. le baron Desboubes de Maupertuis :

« Mon cher Maupertuis,

« Une nouvelle, qui va produire *un douloureux et profond sentiment de tristesse sur tous les créoles* des Antilles, sera bientôt connue du public : c'est la reconnaissance pleine et entière de la république d'Haïti par le gouvernement royal de France.

« C'est un fait positif ; le traité a été conclu par M. de Mackau le 8 juillet, et le 11 de grandes fêtes ont eu lieu au Port-au-Prince.

« J'ai pensé, mon cher ami, que vous seriez très-affecté de cette nouvelle, qui me paraît si étrangement en opposition avec les principes de la monarchie (1), que plus j'y réfléchis et plus je douterais, si l'ombre même d'un doute sur un fait trop avéré pouvait encore exister.

« Je ne vous recommande pas le secret, mon ami, un événement de cette nature ne peut l'être, seulement ne me nommez point.

« Saint-Domingue paie 150 millions à la France, voilà qui est bien pour ses anciens propriétaires ; mais *quel dédommagement* y aura-t-il *en faveur de ceux d'ici*, qu'une pareille déclaration de principes place sous le couteau d'une foule aussi haineuse que brute, qui ne sentiront peut-être pas leur faiblesse, et qui ne verront que le succès qu'un grand attentat pourrait faire légitimer !

« *Je suis vraiment affligé* d'un événement que je ne balance pas à considérer comme un des plus remarquables du siècle, et dont les conséquences seront, sans aucun doute, funestes un jour.

« J'ai bien regretté de n'avoir pu vous aller voir, ainsi que je me l'étais promis ; je compte bien ne pas laisser finir le mois sans vous embrasser aussi tendrement que je vous aime. »

DREVETON.

Fort-Royal, 12 août 1825.

(1) L'auteur de la lettre a, sans doute, oublié d'ajouter et *les principes de la légitimité*.

N. B. — Les ennemis d'Haïti tirent parti du livre de M. Schœlcher, et, déjà le ***Courrier des États-Unis***, qui est rédigé par un ami de M. Granier (*de Cassagnac*), excite les Haïtiens à la guerre civile. Cette simultanéité d'écrits inspirés par le même esprit, a provoqué une réponse de la ***Sentinelle de la Liberté,*** journal d'Haïti. Les passages suivants viennent directement à l'appui de mon opinion :

« Nous ne pouvons passer sous silence toutes les erreurs que renferme le ***Courrier des États-Unis,*** sur le compte des Haïtiens en général et sur la révolution qui vient de nous initier à une ère nouvelle. Il est temps de relever ces erreurs ; il est temps de demander à l'éditeur de ce jounal où il puise ses renseignements, s'il commet ces erreurs à dessein ?.....

« Vous consacrez (M. Gaillardet) quelques pages de votre journal à nous dire que les mulâtres accaparent toutes les charges de la république, que les noirs devraient se lever, faire de la guerre civile, mettre le pays à feu et à sang et autres choses semblables débitées avant vous par le ***négrophile pur sang***, le ***philanthrope*** Schœlcher.

« Des informations mieux prises vous eussent appris que l'accaparement des épaulettes par les mulâtres est un de ces mensonges grossiers, sans consistance aucune, qui tombent devant la simple présentation fidèle des faits.

« Apprenez donc que sur 32 régiments de ligne et 4 corps de l'ancienne garde que possède la République, 21 régiments sont commandés par des colonels noirs, et 9 seulement par des mulâtres. Six régiments manquent de colonels. — Nous comptons 28 généraux de brigade, 15 sont noirs et 13 mulâtres. — Il y a 11 généraux de division, nous remarquons parmi eux 7 noirs et 4 mulâtres.

« La guerre de caste est impossible chez nous ; elle ne peut exister que dans l'imagination de quelques colons dépossédés, qui pleurent encore la perte de leurs esclaves. Seriez-vous par hasard de ce nombre ?....

« Les Haïtiens ne poussent point la défiance jusqu'à la monomanie, Les Haïtiens sont et seront toujours en garde contre les nations qui conservent chez elles des esclaves, qui protégent l'infâme préjugé de couleur. Ils seront toujours en garde contre ces hommes qui cherchent à troubler leur paix intérieure en propageant des doctrines perfides et infâmes. »

(*Sentinelle de la Liberté*, du 15 novembre 1843.)

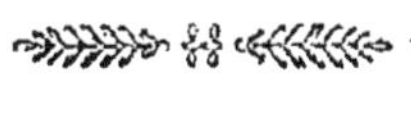

www.ingramcontent.com/pod-product-compliance
Ingram Content Group UK Ltd.
Pitfield, Milton Keynes, MK11 3LW, UK
UKHW012041240726
13965UKWH00003B/957

9 782013 255271